> "Everything is only for a day, both that which remembers and that which is remembered."
> - Marcus Aurelius Antoninus (A.D. 121-180), <u>Meditations</u>

沉 思 录

[古罗马] 马可·奥勒留 著

何怀宏 译

生活·讀書·新知 三联书店

Simplified Chinese Copyright © 2020 by SDX Joint Publishing Company.
All Rights Reserved.
本作品简体中文版权由生活·读书·新知三联书店所有。
未经许可，不得翻印。

图书在版编目（CIP）数据

沉思录／（古罗马）马可·奥勒留著；何怀宏译．—北京：
生活·读书·新知三联书店，2020.11 （2024.3 重印）
（三联精选）
ISBN 978-7-108-06850-7

Ⅰ．①沉… Ⅱ．①马… ②何… Ⅲ．①斯多葛派-哲学理论
Ⅳ．① B502.43

中国版本图书馆 CIP 数据核字（2020）第 075503 号

责任编辑	徐国强
装帧设计	鲁明静
责任校对	曹忠苓
责任印制	董 欢
出版发行	生活·讀書·新知 三联书店
	（北京市东城区美术馆东街 22 号 100010）
网　址	www.sdxjpc.com
经　销	新华书店
印　刷	三河市天润建兴印务有限公司
版　次	2020 年 11 月北京第 1 版
	2024 年 3 月北京第 3 次印刷
开　本	880 毫米 × 1092 毫米 1/32 印张 8
字　数	133 千字 图 4 幅
印　数	08,001-34,000 册
定　价	38.00 元

（印装查询：01064002715；邮购查询：01084010542）

马可·奥勒留的半身胸像,现藏法国图卢兹圣雷蒙博物馆

"每时每刻都要坚定地思考,就像一个罗马人,像一个富有完整而朴实的尊严,怀着友爱、自由和正义之情感去做手头要做的事情的人那样。"

1792 年罗伯特·格雷夫斯英译本《沉思录》的扉页

"从我的老师那里,我明白了不要介入马戏中的任何一派,也不要陷入角斗戏中的党争;我从他也爱会了忍受劳作、清心寡欲、事必躬亲,不干涉他人事务和不轻信流言诽谤。"

位于匈牙利的阿昆库姆城遗址，马可·奥勒留曾经在此写作《沉思录》

"人们寻求隐退自身，他们隐居于乡村茅屋，山林海滨；你也倾向于渴望这些事情。但这完全是凡夫俗子的一个标记，因为无论什么时候你要退入自身你都可以这样做。"

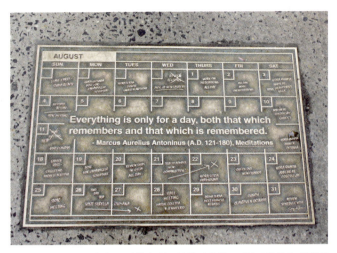

纽约图书馆路的地面铭牌,上有铸有《沉思录》中的话:"事如过眼烟云,瞻仰者和被瞻仰者皆如此。"

"灯光照耀着,不到它熄灭不会失去它的光芒,而在你心中的真理、正义和节制却要在你死之前就熄灭吗?"

常读常新的文学经典

"经典新读"总序

意大利作家卡尔维诺认为文学经典可资反复阅读,并且常读常新。这也是巴尔加斯·略萨等许多作家的共识,而且事实如此。丰富性使然,文学经典犹可温故而知新。

《易》云:"观乎天文以察时变,观乎人文以化成天下。"首先,文学作为人文精神的重要组成部分,既是世道人心的最深刻、最具体的表现,也是人类文明最坚韧、最稳定的基石。盖因文学是加法,一方面不随时代变迁而轻易浸没,另一方面又不断自我翻新。尤其是文学经典,它们无不为我们接近和了解古今世界提供鲜活的画面与情境,同时也率先成为不同时代、不同民族,乃至个人心性的褒奖对象。换言之,它们既是不同时代、不同民族情感和审美的艺术集成,也是大到国家民族、小至家庭个人的价值体认。因此,走进经典永远是了解此时此地、彼时彼地人心民心的最佳途径。这就是说,文学创作及其研究指向各民族变化着的活的灵魂,而其中的经典(及其经典化或非经典化过程)恰恰是这些变中有常的心灵镜像。亲近她,也即沾溉了从远古走来、向未来奔去的人类心流。

其次，文学经典有如"好雨知时节""润物细无声"，又毋庸置疑是民族集体无意识和读者个人无意识的重要来源。她悠悠幽幽地潜入人们的心灵和脑海，进而左右人们下意识的价值判断和审美取向。举个例子，如果一见钟情主要基于外貌的吸引，那么不出五服，我们的先人应该不会喜欢金发碧眼。而现如今则不同。这显然是"西学东渐"以来我们的审美观，乃至价值判断的一次重大改观。

再次，文学经典是人类精神的本能需要和自然抒发。从歌之蹈之，到讲故事、听故事，文学经典无不浸润着人类精神生活之流。所谓"诗书传家"，背诵歌谣、聆听故事是儿童的天性，而品诗鉴文是成人的义务。祖祖辈辈，我们也便有了《诗经》、楚辞、汉赋、唐诗、宋词、元曲、明清小说等。如是，从"昔我往矣，杨柳依依；今我来思，雨雪霏霏"到"落叶归根"，文学经典成就和传承了乡情，并借此维系民族情感、民族认同、国家意识和社会伦理价值、审美取向。同样，文学是艺术化的生命哲学，其核心内容不仅有自觉，而且还有他觉。没有他觉，人就无法客观地了解自己。这也是我们拥抱外国文学，尤其是外国文学经典的理由。正所谓"美哉，犹有憾"；精神与物质的矛盾又强化了文学的伟大与渺小、有用与无用或"无用之用"。但无论如何，文学可以自立逻辑，文学经典永远是民族气质的核心元素，而我们给社会、给来者什么样的文艺作品，也就等于给社会、给子孙输送什么样的价值观和审美情趣。

文学既然是各民族的认知、价值、情感、审美和语言等诸多因素的综合体现，那么其经典就应该是民族文化及民族向心力、凝聚力的重要纽带，并且是民族立于世界之林而不轻易被同化的鲜活基因。古今中外，文学终究是一时一地人心的艺术呈现，建立在无数个人基础之上，并潜移默化地表达与传递、塑造与擢升着各民族活的灵魂。这正是文学不可或缺、无可取代的永久价值、恒久魅力之所在。正因为如此，人工智能最难取代的也许就是文学经典。而文学没有一成不变的度量衡。大到国家意识形态，小到个人性情，都可能改变或者确定文学的经典性或非经典性。由是，文学经典的新读和重估不可避免。

一、时代有所偏侧。就近而言，随着启蒙思想家和浪漫派的理想被资本主义的现实所粉碎，19世纪的现实主义作家将矛头指向了资本。巴尔扎克堪称其中的佼佼者。恩格斯在评价巴尔扎克时，将现实主义定格在了典型环境中的典型性格。这个典型环境已经不是启蒙时代的封建法国，而是资产阶级登上历史舞台以后的"自由竞争"。这时，资本起到了决定性的作用。

二、随着现代主义的兴起，典型论乃至传统现实主义逐渐被西方形形色色的各种主义所淹没。在这些主义当中，自然主义首当其冲。我们暂且不必否定自然主义的历史功绩，也不必就自然主义与现实主义的某些亲缘关系多费周章，但有一点需要说明并相对确定，那便是现代艺术的多元化趋势，及至后现代无主流、无中心、无标准（我称之为"三无主义"）的来临。于是，绝对的相对性取代了相对的绝对性。恰似巴尔扎克、托尔斯泰在我国的命运同样堪忧。

与之关联的，是其中的意识形态和艺术精神。第一点无须赘述，因为全球化本身就意味着国家意识的"淡化"，尽管这个"淡化"是要加引号的。第二点，西方知识界讨论"消费文化"或"大众文化"久矣，而当今美国式消费主义正是基于"大众文化"或"文化工业"的一种创造，其所蕴含的资本逻辑和技术理性不言自明。好莱坞无疑是美国文化的最佳例证，而其中的国家意识显而易见。第三点指向两个完全不同的向度，一个是歌德在看到

《玉娇梨》等东方文学作品之后所率先呼唤的"世界文学"。尽管曾经应者寥寥，但近来却大有泛滥之势。这多少体现了资本主义制度在西方确立之后，文学何以率先伸出全球化或世界主义触角的原因。遗憾的是资本的性质不会改变。二是西方后现代主义指向二元论的解构以及虚拟文化的兴盛，最终为去中心的广场式狂欢提供了理论或学理基础。

由上可见，经典新读和重估势在必行，它是时代的需要，是国民教育的需要，是民族复兴、国家发展的需要。为此，我们携手生活·读书·新知三联书店，以当代学术研究为基础，精心选取中外文学经典，邀请重要学者和译者，进行重新注疏和翻译，既求富有时代感，也坚持以我为本、博采众长的经典定位。学者、译者们参考大量文献和前人的版本、译本，力图与21世纪的中文读者一起，对世界文学经典进行重估与新读，以期构建中心突出、兼容并包的同心圆式经典谱系。我称之为"三来主义"，即"不忘本来，吸收外来，面向未来"。

除此之外，我们还特邀了相关领域的专家学者，为每部作品撰写了导读，希望广大读者可以在经典阅读的基础上，进一步了解作品产生的土壤，知其然，并且知其所以然。愿意深入学习的读者，还可以依照"作者生平及创作年表"以及"进一步阅读书目"一类内容按图索骥。希望这种新编、新读方式，可以培植读者，尤其是青少年读者亲近文学经典，使之成为其永远的精神伴侣和心灵慰藉。

需要特别说明的是，"经典新读"主要由程巍、高兴、苏玲等同事策划、推进，并得到了诸多译者和注疏者，以及三联书店新老朋友的鼎力支持。在此谨表谢忱！

陈众议（中国社会科学院外国文学研究所所长）

目录
Contents

导读 "每时每刻都要坚定地思考" 何怀宏 1

《沉思录》的流传与版本 35

作者生平 44

沉思录 51

卷一　自我由来　　53

卷二　人性反省　　67

卷三　服从天意　　76

卷四　退隐心灵　　88

卷五　恪尽职守　　107

卷六　认识本性　　123

卷七　忍受诸恶　　142

卷八　内在堡垒　　160

卷九　理解存在　179

卷十　凝思生命　195

卷十一　与人为善　212

卷十二　优雅退场　228

主题索引　241

译后记　何怀宏　247

导　读

"每时每刻都要坚定地思考"

何怀宏

一

马可·奥勒留生平

斯多亚派著名哲学家、古罗马帝国皇帝马可·奥勒留·安东尼（121—180），原名马可·阿尼厄斯·维勒斯，生于罗马，其父亲一族曾是西班牙人，但早已定居罗马多年，并从维斯佩申皇帝(69—79年在位)那里获得了贵族身份。马可·奥勒留幼年丧父，是由他的母亲和祖父抚养成人的，并且在希腊文学和拉丁文学、修辞、哲学、法律甚至绘画方面受到了在当时来说最好的教育，他从他的老师那里熟悉和亲近了斯多亚派的哲学（例如爱比克泰德的著作），并在其生活中身体力行。

还在孩提时期，马可·奥勒留就以其性格的坦率真诚得到了哈德良皇帝(117—138年在位)的好感。当时，罗马的帝位常常并不是按血统，而是由选定的过继者来接替的。在原先的继嗣柳希厄斯死后，哈德良皇帝选定马可·奥勒留的姑父安东尼·派厄斯为自己的继嗣，条件是派厄斯亦要收养马可·奥勒留和原先继嗣的儿子科莫德斯（后名维勒斯）为继嗣。当哈德良皇帝于138年去世后，马可·奥勒留获得了"恺撒"的称号——这一称号一般是给予皇帝助手和继承者的，并帮助他的姑父治理国家，而在其姑父（也是养父）于161年去世后，旋即成为古罗马帝国的皇帝。遵照哈德良的意愿，他和维勒斯共享皇权，但后者实际上不起重要作用。

马可·奥勒留在位近二十年，这是一个战乱不断、灾难频繁的时期，洪水、地震、瘟疫，加上与东方的安息人的战争、来自北方的马可曼尼人在多瑙河流域的进逼以及内部的叛乱，使得罗马人口锐减，贫困加深，经济日益衰落，即使马可·奥勒留凭借其坚定精神和智慧，夙兴夜寐地工作，也不能阻挡古罗马帝国的颓势。在他统治的大部分时间里，尤其是后十年，他很少待在罗马，而是在帝国的边疆或行省的军营里度过。《沉思录》这部写给自己的书，这本自己与自己的十二卷对话，大部分就是在这种鞍马劳顿中写成的。

马可·奥勒留与安东尼·派厄斯的女儿福斯蒂娜结婚并生有十多个孩子。据说，他在一个著名的将军、驻叙利亚的副将卡希厄斯发动叛乱时表现得宽宏大量。但他对基督徒的态度比较严厉,曾颁布过一道反对基督徒的诏书。

公元180年3月17日,马可·奥勒留病逝于文多博纳(今维也纳)。

斯多亚派哲学

斯多亚派哲学主要是一种伦理学,其目的在于为伦理学建立一种唯理的基础,它把宇宙论和伦理学融为一体,认为宇宙是一个美好的、有秩序的、完善的整体,由原始的神圣的火演变而来,并趋向于一个目的。人则是宇宙体系的一部分,是神圣的火的一个小火花,他自己也可以说是一个小宇宙,他的本性是与万有的本性同一的,所以,他应该同宇宙的目的相协调而行动,力图在神圣的目的中实现自己的目的,以求达到最大限度的完善。为此,他必须让自己的灵魂清醒,让理性统率自己,正如他统率世界一样。

所以,斯多亚派对人们的要求是:遵从自然而生活,或者说按照本性生活(nature有"自然""本性"两层意义),而所谓自然、本性,实际上也就是指一种普遍的理性,或者说逻各斯(在某些方面类似于中国的"道"),或者说一种普遍的法(自然法的概念就是由此而来)。自然—本性—理性—法,不说它们有一种完全等价的意义,它们也至少是相通的,并常常是可以互用的。而作为一种理性存在物的人的自然本性，就是一种分享这一普遍理性的理性，一种能认识这一普遍理性的理性。安东尼在《沉思录》中常常讲到一个人身外和身内的神，讲到身外的神（或者说宙斯）把自身的一部分分给了人的理性灵魂（身内的神），人凭内心的神，或者说凭自己支配的部分，就能认识身外的神，就能领悟神意。他说的其实也是这个意思。我们还需要注意的一点是：这里所说的理性主要不是对自然事物的认识，而是道德德行的践履，所以，理性和德行又联系起来了。

总之，在斯多亚派哲学家的眼里，宇宙是一个井然有序的宇宙，世界是一个浑然和谐的世界。正如《沉思录》中所说："所有的事物都是相互联结的，这一纽带是神圣的，几乎没有一个事物与任一别的事物没有联系。因为事物都是合作的，它们结合起来形成同一宇宙（秩序）。因为有一个由所有事物组成的宇宙，有一个遍及所有事物的神，有一个实体，一种法，一个对所有有理智的动物都是共同的理性，一个真理；如果也确实有一种所有动物的完善的话，那么它是同一根源，分享着同一理性。"在这个世界上，低等的东西是为了高等的东西而存在的，无生命的存在是为了有生命的存在而存在的，有生命的存在又是为了有理性的存在而存在的。那么，有理性的存在，或者说理性的动物（人）是为何与怎样存在的呢？理性动物是彼此为了对方而存在的，所以，在人的结构中首要的原则就是友爱的原则，每个人都要对自己的同类友好，意识到他们是来自同一根源，趋向同一目标，都要做出有益社会的行为。

这样，就把我们引到人除理性外的另一根本性质——社会性。人是一种理性动物，也是一种政治动物（这里沿用了亚里士多德的说法）、一种社会动物。《沉思录》的作者认为，在人和别的事物之间有三种联系：一种是与环绕着他的物体的联系；一种是与所有事物所有产生的神圣原因的联系；一种是与那些和他生活在一起的人的联系。相应地，人也就有三重责任、三重义务，就要处理好对自己的身体和外物、对神或者说普遍的理性、对自己的邻人这三种关系。人对普遍理性的态度前面已经说过了，就是要尊重、顺从和虔诚。对自己的身体和外物，斯多亚派一直评价颇低，基本上认为它们作为元素的结合和分解，并没有什么恒久的价值。身体只是我们需要暂时忍受的一副皮囊罢了，要紧的是不要让它妨碍灵魂，不要让它的欲望或痛苦使灵魂纷扰不安。对于我们和邻人的关系，人们的社会生活和交往，斯多亚派则给予了集中的注意，事实上，人的德行就主要体现在这一层面。

一般来说，斯多亚派哲学家都是重视整体、重视义务的。他们认为，人不能脱离社会、脱离整体而存在。使自己脱离他人，或做出反社会的事情来，就好比使自己变成脱离身体的一只手或一只脚。如果发生了这样的事情，就要致力于使自己与整体重新统一起来。人作为宇宙的一部分，个人作为社会的一部分，对于来自整体的一切事物都要欣然接受，都要满意而勿抱怨，因为，凡是为了整体的利益而必须存在的，对于个体也就不会有害。对于蜂群无害的东西，也不会对蜜蜂有害；不损害国家的事情，也不会损害到公民。《沉思录》的作者说，我们每天都要准备碰到各种各样不好的人，但由于他们是我的同类，我仍然要善待他们。不要以恶报恶，而是要忍耐和宽容，人天生就要忍受一切，这就是人的义务。要恶人不作恶，就像让无花果树不结果一样是不可能的。我们只要能完成自己的义务就够了，对于其他的事情完全不要操心，我们要表现得高贵、仁爱和真诚。

看来，斯多亚派哲学家对个人的德行、个人的解脱看得比社会的道德改造更为重要，这也许是因为他们觉得自己生活在一个个人无能为力的时代，生活在一个混乱的世界中。所以，他们特别注意区分两种事情：一种是在我们力量范围之内的事情；一种是不在我们力量范围之内的事情。许多事情，例如，个人的失意、痛苦、疾病、死亡，社会上的丑恶现象，等等，这些往往并不在我的力量范围之内，但是，由于所有对我发生的事情都是符合宇宙理性的，我必须欣然接纳它们。我也可以做在我力量范围之内的事情，这就是按照本性生活，做一个正直、高尚、有道德的人，这是什么力量也不能阻止我的，谁也不能强迫我做坏事。在斯多亚派哲人对德行的强调中确实有许多感人的东西。例如，奥勒留谈道：德行是不要求报酬的，是不希望别人知道的，不仅要使行为高贵，而且要使动机纯正，要摒弃一切无用和琐屑的思想。要使自己专注于这样的思想：当你在思考时，别人问你想什么，你任何时候都能立即坦率地说出来。而且，不仅要思考善、思考光明磊落的事情，还要付诸行动，行动就是你存在的目的，全然不要再谈论一个高尚的人应当具有的品质，而是成为这样的人。

总之，斯多亚派哲人所追求的生活是一种摆脱了激情和欲望、冷静和达观的生活，他们把对他们发生的事情都不看成是恶，认为痛苦和不安仅仅是来自内心的意见，而这是可以由心灵加以消除的。他们恬淡、自足，一方面坚持自己的劳作，把这些工作看作自己的应分；另一方面又退隐心灵，保持自己精神世界的宁静一隅。斯多亚派哲学的力量可以从它贡献的两个著名代表看出：一个是奴隶出身的爱比克泰德，另一个就是《沉思录》的作者、哲学家皇帝马可·奥勒留·安东尼。他们的社会地位悬殊，精神和生活方式却又相当一致。但是，另一方面，奥勒留作为柏拉图所梦想的"哲学家王"，他的政绩、他所治理的国家状况却和理想状态存在差距。所以，我们一方面看到斯多亚派哲学精神的巨大力量，看到它如何泯灭社会环境的差别而造成同一种纯净有德的个人生活；另一方面又看到这种精神的相当无力，它对外界的作用、对社会的影响比起对个人的作用相对微弱，因为它本质中确实含有某种清静无为的因素。但是，一种清静无为，一种谨慎地不以巨大权力来改造社会和人性的精神也有助于防止巨大的灾难。

此外，我们也看到，斯多亚派的道德原则并不是很明确的。把本性解释为理性，把理性又解释为德行；道德在于按照本性生活，而按照本性的东西就是道德。这里面虽有某种强调理性、普遍和共相的优点，但也可能有形式化的循环论证的弱点。在斯多亚派哲学中有令人感动的对道德的高扬，但也有令人泄气的对奋斗的放弃。它也许永远不失为一条退路，但对于朝气蓬勃、锐意进取的人，尤其是生命力洋溢的年轻人来说，走这条路还是一件太早的事情。它还不像基督教，它没有过多的对于彼岸的许诺，而是强调在此岸的德行中自足，但在情感和意绪方面也为基督教的盛行做了某种铺垫和准备。我们大概可以说，斯多亚派哲学能够为一个处于混乱世界、面对道德低潮又感到个人无能为力的人，为一个在个人生活方面遭受挫折和失望（这是永远也免不了的），但又不至于让上帝援手的人，提供最好的安慰。最后，我们也注意到，斯多亚派哲学虽然不可能像有些理论（例如社会契约论）那样对社会制度的变革和改善发生直接的影响，但是，它其中所蕴含的那种胸襟博大的世界主义，那种有关自然法和天赋人权、众生平等的学说，却越过了漫长的时代，对近现代的社会政治理论及实践产生了积极的影响。

《沉思录》的特点

《一生的读书计划》的作者、美国教授费迪曼认为《沉思录》有一种不可思议的魅力，它甜美、忧郁而又高贵。我们可以同意他的话，并且说，它的高贵，也许是来自作者对身羁宫廷的自己和自己所处的混乱世界的感受；而它的甜美，则只能是由于作者心灵的安宁和静谧了。这几个特点往往是结合在一起的，比如说，当我们读到《沉思录》的最后一段，即说从人生的舞台上退场的一段，我们一方面感到忧郁，因为这就是人的命运，人难逃此劫，即使你觉得你的戏还没有演完，新的演员已经代替你成为主角了，这里的忧郁就像卓别林所演的《舞台生涯》中那些老演员的心情：苦涩而又不无欣慰，黯然而又稍觉轻松；另一方面，我们又感到高贵，因为我们可以体面、庄严地退场，因为我们完成了自己的使命并给新来者腾出了地方。

我们也要记得,《沉思录》是写给自己的，而不是供出版的，而且，这里是自己在同自己对话，字里行间常常出现的不是"我……"，而是"你……"，并常常用破折号隔出不同的意见。既然是自己与自己的对话，自己说服自己，自然也就不需要过分讲究辞藻、注意效果和安排结构，而是注意一种思想的深入和行进。有时话没说完又想到别处，并经常出现"但是"这样的转折。我们在阅读中不要忘了这些，不然，也许会因为它不是一个精美的体系而感到失望。只要我们让我们的心灵沉静下来，就能够从这些朴实无华的句子中读出许多东西。这不是一本时髦的书，而是一本经久的书，买来不一定马上读，但一定会有需要读它的时候。近两千年前，一个人写下了它；再过两千年，也一定还会有人去读它。

二

要像峙立于不断拍打的巨浪之前的礁石，
它峭然不动，驯服着它周围海浪的狂暴。

——《沉思录》卷 4-49

导 读

正如前述,古罗马帝国皇帝马可·奥勒留·安东尼在位的近二十年间,国家不断遭遇到台风、地震、瘟疫等自然灾害,帝国的边境也不安宁,发生了一些部落的侵袭或反抗,而内部也有总督叛乱。所以,马可·奥勒留执政的大部分时间并没有待在罗马,而是在戎马倥偬中度过。对于这些灾难,奥勒留表现出一种斯多亚派哲学家的冷静和镇定精神,他以静制动,坚如磐石,克服了种种磨难,使罗马帝国在他统治的岁月依然被英国著名罗马史家吉本称为"人类过着最为幸福繁荣的生活"的时期,他自己也被列为"古罗马五贤帝"的最后一位。

但即便有如此的政绩,如果不是在这功业的作者那里还具有一种比这功业远为深沉的精神,以及这精神又被赋予文字的载体并幸运地流传下来,大概也还是不会有多少人记得这位近两千年前的皇帝。奥勒留的《沉思录》使其成为人类历史上罕见的一位真正的哲学家皇帝。下面我们就来具体介绍一下他的《沉思录》大致是怎样的一本书:其中包含一些什么样的思想,尤其是人生哲学和伦理的思想,它的精神信仰、思想特质和由此反映出来的作者品格特征,以及我们如何阅读它,等等。

《沉思录》主要在思考什么

一般认为,《沉思录》所表达的是一种斯多亚派哲学,奥勒留是斯多亚派哲学的最后一位主要代表。为方便起见,我们可将斯多亚派哲学的发展主要分为两个时期:一是公元前古希腊的理论体系构建时期;二是公元后古罗马的伦理思考与实践时期。斯多亚派哲学的创始人是芝诺(前336—前246),早期斯多亚派哲人就已经相当重视伦理学了,他们认为哲学分为三个部分:以动物为喻,则逻辑学是骨腱,自然哲学是肌肉,而伦理学是灵魂;以鸡蛋为喻,则逻辑学是蛋壳,自然哲学是蛋白,伦理学则是蛋黄;以田园为喻,则逻辑学是篱笆,自然哲学是土地,伦理学则是果实。

到斯多亚派哲学发展的晚期——罗马帝国的斯多亚派哲人这里,其世界观、本体论、认识论就更是围绕着伦理学展开了,甚至考虑的中心问题都是伦理学的问题,而且主要是自我的心灵如何安顿、个人的行为如何展开的问题。罗马共和国时期的西塞罗(前106—前43)还有不少篇幅考虑制度和政治问题,而后来帝国时期的重臣塞涅卡(前4—公元65)、被释奴隶爱比克泰德(约55—约130)就都是主要思考个人伦理学的问题,尤其爱比克泰德对马可·奥勒留的影响最大。而且，他们都很重视言行合一，重视道德的自我实践与训练。

所以，我们在《沉思录》中看到，它主要也是一种伦理学或者说道德哲学的思考。而由于在古代社会，伦理学和人生哲学、精神信仰是紧密结合在一起的，乃至是以后者为主导的，所以，它也可以说是一种人生哲学、实践哲学和精神哲学。但《沉思录》并不是一种精心构制的哲学体系，甚至不是连贯的论著，而是一种始终联系于自己生命和道德实践的片段思考，所以，我们下面尝试从社会伦理、个人伦理与精神信仰三个方面来概述其思想。

有关社会伦理

奥勒留在社会伦理方面的思考可能是最少的，却可能是最好的，或者说是在古典心灵中与现代社会最为契合的。所以，在这方面我们尽量做一些引证，用他自己的话来说明。

的确，我们首先会注意到，奥勒留并不想在社会政治的层面普遍地实现自己的哲学理想，在他那里，实际上是政治的归政治，哲学的归哲学。尽管是罗马帝国的最高统治者，但奥勒留从未考虑过使用当时世界上最强大的权力来推行他的哲学，因为，他深深知道，精神的力量必须自我唤醒、自我培育和自我训练。而且，一种至高的精神追求也不是所有人都能够，甚至愿意达到的。

在心灵的深处，奥勒留永远为自己保留了哲学的亲密一角，而作为罗马帝国的皇帝，他深知自己必须承担起自己的职责。他知道他握有不仅是当时帝国，而且也许还是当时世界上最大的权力，但他同时又认为，就权利而言，自己又是一个公民团体中的普通一员，就像他的前任老安东尼皇帝一样，"把自己视为与任何别的公民一样平等的公民"（卷1-16），告诫自己不要欲求"一切需要墙和幕的东西"，不要去关心"灵魂究竟在身体中寄寓多久"，而是要"在全部的生命中只关心这一点：他的思想不要离开那属于一个理智的人、属于一个公民团体的人的一切"（卷3-7）。

而且，奥勒留不仅把自己视为一个罗马公民，同时也是一个世界公民。他说："我的本性是理性的和社会的，就我是安东尼来说，我的城市与国家是罗马；但就我是一个人来说，我的国家就是这个世界。"（卷6-44）奥勒留甚至说："如果一个人生活在世界上任何地方都像生活在一个国家（政治团体）中一样，那么住这儿或者住那儿对他并没有什么关系。"这当然主要是就德行的磨炼而言，对一个有德行的人来说，他的确可以四海为家。奥勒留有一种世界主义的情怀,他超越了国家主义的狭隘眼界,不仅从一个特定政治社会的角度考虑自己的义务,也从一个普遍的人类大家庭的一员考虑自己的义务,从人既是理性的存在又是社会的存在这一人的本性的角度考虑自己的义务。他认为自己也是一个伟大国家(人类世界)里的一个公民。他说:"人是至高之城的一个公民,所有其他的城都像是至高之城的下属。"(卷3-11)

的确,奥勒留看重人,甚至尊崇人,但尊崇的是人的理性和责任。他甚至表现出对大自然的一种歉疚之情,他谈到自己及先辈不断从大地得到营养,"当我践踏它,为许多的目的滥用它时,它默默地承受着我"(卷5-4)。他认为,一个人在辞别人世的时候,应该感谢哺育了他的树林(社会)和大地(自然)。他认为人比动物是更高的存在,但是,"对于那没有理性的动物与一般的事物和对象,由于你有理性而它们没有,你要以一种大方和慷慨的精神对待它们"(卷6-23)。"我们在缺乏理性的动物中发现蜂群、畜群、对雏鸟的抚养、某种意义上的爱;因为甚至在动物中亦有灵魂"(卷9-9)。而人作为更优越的存在自然更应当自觉地按照理智和社会的本性生活和行动。

当然,奥勒留也为自己是一个罗马人而感到骄傲。他希望自己"每时每刻都要坚定地思考,就像一个罗马人"

(卷2-5)。他希望自己能够总是追忆"古代罗马和希腊人的行为"(卷3-14)以为榜样,他希望自己像雅典人那样尊严地向神灵祈祷。奥勒留还写道:"那不损害到国家的事情,也绝不会损害到真正的公民;那不损害到法(秩序)的事情,也绝不会损害到国家;而被称为不幸事件的这些事物中并无一个损害到法,这样,不损害到法的东西也就绝不会损害到国家或公民。"(卷10-33,卷5-22)从这段话看来,他更强调整体而非部分,更强调国家而非公民个人。但他也同样强调国家受法的支配,"法统治着一切"(卷7-31)。这种法也就是自然法,它贯穿于自然、社会与个人,体现的是一种普遍的理性或本性。这种自然法也是一种道德法,它规定了国家与公民的各自权利和义务。它高于任何特殊国家的实存法,所以,它不会损害到个人的国家已经先定地具有一种道德的规定性,"理性动物的目的就是要遵循理性和最古老的城邦和政府的法律"(卷2-16)。

奥勒留还写道:"我接受了一种以同样的法对待所有人、实施权利平等和言论自由的政体的思想,以及一种最大范围地尊重被治者的所有自由的王者之治的观念。"(卷1-14)这是一种令人吃惊的、具有现代意义的有关制度伦理的思想。在法律面前人人平等,人们享有言论自由和权利平等,最大范围地尊重被治者的所有自由,这是一种真正具有自由精神的王者之道。

有关个人伦理

不过,奥勒留的伦理思考主要还是一种个人伦理学,是一种自我伦理学,或如中国的儒家学者常常称谓自己的学问那样,是一种"为己之学"。由于奥勒留的思考主要是集中在这一方面,在书中有大量的内容,我们不再多引证,而是想在奥勒留的思想与中国的传统思想之间进行一点比较,以便较清晰地显示他的思想特征。这里也顺便说说,奥勒留大概是第一个与中国发生直接联系的罗马皇帝。《后汉书》曾经记载,在桓帝延熹九年(166),大秦王安敦(马可·奥勒留·安东尼皇帝)派遣使者经日南送来象牙、犀角,并与中国建立通商关系。

从奥勒留的思想与中国主要思想的比较角度来看,我们或可在某种意义上说它包含着道家精神与儒家伦理的某种结合。一方面,我们注意到,老子也谈到了一种贯穿于世界万事万物的"道",而且强调"道法自然",所以,人也应当按照自然的道来生活,接受自然的安排。庄子也认为,"万物与我为一",追求"天放"的理想,主张齐生死、齐寿夭,摆脱功名利禄,乃至不以自己的身体为意,而重视自己精神上的自由。

奥勒留在对世界及人在其中的处境和命运的看法上，和道家颇有相合之处。但是，他并不像道家思想的突出代表——比如庄子以及后来受其影响的许多文学家那样，希望摆脱社会和政治义务的牵累或者与社会拉开距离，而做一个精神上逍遥的真人。相反，奥勒留极其重视对社会义务的承担，甚至把这种承担强调到了一种绝对义务论的程度，这就使他又颇接近于儒家的伦理。就像孔子强调遵循社会之"礼"、孟子努力阐明普遍之"义"一样，奥勒留也强调，黎明即起，就要毫不懈怠地去努力做好自己作为一个人、一个公民和一个皇帝所必须做的事情（参见卷5-1）。而在待人方面，奥勒留也像儒家一样强调不能逃离自己的同胞，要与人为善，乃至善待品行不良的人，这是他一日之始就告诫自己的另一条座右铭（参见卷2-1）。他还为如何宽容地对待冒犯自己的人确立了十条原则（参见卷11-18），其中的内容和孔子提倡的"忠恕之道"颇有相通之处。

除了道家的天地精神和儒家的普遍义务感，在奥勒留的思想中，甚至还表现出某种墨家的节俭刻苦和法家的严峻刚硬。当然，他有自己的完全不同于这些流派的特点，有自己的在西方思想中的传承。他可能更注意痛苦的消除，而非快乐的希求——哪怕是纯精神的快乐。他更强调德行的自我坚持,既不像儒家相当执着地追求社会政治方面的理想,又不像道家追求一种具有审美意义的自由或超越。

我们还可以从如何认识与对待死亡的问题来观察一下奥勒留哲学与中国有关思想的不同。比如说,我们在《古诗十九首》中读到:"人生寄一世,奄忽若飙尘。何不策高足,先据要路津。"(之四)"人生非金石,岂能长寿考?奄忽随物化,荣名以为宝。"(之十一)"人生忽如寄,寿无金石固。万岁更相迭,贤圣莫能度。服食求神仙,多为药所误。不如饮美酒,被服纨与素。"(之十三)"生年不满百,常怀千岁忧。昼短苦夜长,何不秉烛游!为乐当及时,何能待来兹?"(之十五)。这里从生命短暂引出的结论是对权力、荣名和快乐的追求。

奥勒留在其《沉思录》中也同样多次地谈到了人的生命的脆弱和短暂。他谈到,死亡对所有人都是平等的,无论伟人还是仆人、最有权力者还是最有智慧者、被哀悼者还是哀悼者、一些个人还是家族、抱怨社会者还是不抱怨社会者、害怕死亡者还是不害怕死亡者……最后都无一例外地走向死亡,迅速地被人们忘记。即便那些名人的名声,也不久就会飘散(分别参见卷 3-3,4-32,4-33,4-48,4-50, 6-24, 6-47, 8-25, 8-31, 8-37, 10-27, 10-31, 12-27)。他和《古诗十九首》的作者对死亡的认识应该说是大致一样的,但引出的人生态度却截然不同,后者主张及时行乐。在这方面,我们还可以引《列子》的观点为证,其《杨朱篇》说:"万物所异者生也,所同者死也。……然而万物齐生齐死,齐贤齐愚,齐贵齐贱。十年亦死,百年亦死。仁圣亦死,凶愚亦死。生则尧舜,死则腐骨;生则桀纣,死则腐骨。腐骨一矣,孰知其异?且趣当生,奚遑死后?"既然人生如此短暂,死后的名声也不可靠,杨朱的结论是,人不妨纵情于生前的声色犬马之乐。

但是,在奥勒留那里,这种对死亡的清醒认识,除了可以用来帮助我们摆脱对死亡的恐惧和无穷无尽的烦恼之外,也可以有助于我们看淡对世间功名利禄的追求。他认为一个人过一种有德的一生,而非纵欲的一生,才是真正体现了一个人与自然本性相合的本性。所以,奥勒留的结论是"及时行德"而非"及时行乐",甚至有一种"时不我待"的紧迫感。当然,这里的比较并不是要显示中西之异,只是应用一个现成的例证来说明奥勒留思想的特点,并说明同样承认一种事实却可以引出不同的价值观点。

有关精神信仰

由死亡的问题也引向了信仰的问题。在人的身体死后,人的灵魂是否继续存在?灵魂是否不朽?有没有一种"永恒的记忆"？乃至于有没有超越的、唯一的人格神？奥勒留虽然也谈到神灵，但谈的不多，并没有一个统摄一切、至高无上、全知、全能、全善的人格上帝的概念。他基本上还是使自己留在哲学的而非宗教信仰的领域。这一哲学甚至可以说是那些对世界与人生有一种超越的思考，却还是不能或不愿信仰一个唯一的人格神并达到一种确定的宗教信仰的人所能达到的最佳思想，或最高精神境界。在"神"的这一意义上，它或者可以说是一种不信"神"的精神，或者说，是一种非入"神"的近神而居。

但这种人生哲学或道德哲学是否是自足的？是否它还只能是过渡的？或者恰恰因此它才是永久的？19世纪的法国学者雷朗表达了他的一种看法，他认为，奥勒留的《沉思录》是那些不相信超自然力量的人们的福音书。他说："作为一种真正永久的福音书，《沉思录》绝不会变老。因为它不肯定任何教义。现在的福音书的某些部分会变得陈旧，因为科学不再允许构成其基础的对超自然的天真观念。而在《沉思录》中，超自然只是一个微不足道的斑点，不影响背景的令人惊叹的美。科学会摧毁上帝与灵魂，但《沉思录》将因其携带的生命与真理而保持年轻。马可·奥勒留的宗教是绝对的宗教，就像耶稣的宗教过去常常是的那样，它产生于一颗高贵的、面对宇宙的道德良心这一事实。

这一高贵的道德良心，是任何种族、任何国家、任何革命、任何进步、任何发现都不可能改变的。"

我们是否同意雷朗的看法？人是否完全能够在自身的德行中自足？信徒和非信徒、渴求信仰者与崇尚理智科学者大概会产生不同的看法。我想，对这样一些问题的最终回答，最好还是留给读者自己。

这种思考表现出怎样的精神和品格特质

接下来我想指出奥勒留思想所表现出来的这样四个精神及品格的特质：

第一就是一种理智的诚实。斯多亚派是理性主义者，但并不是现代意义上的一种试图通过理性来解释和解决一切问题的理性主义者。到了罗马的斯多亚派哲人这里，这种理智的诚实更表现于理智探索范围的缩小，他们不愿过多地去探究不能确凿把握或知悉的东西。他们甚至缺乏这样一种对未知世界的强烈好奇心，也没有激情和想象来加强他们的求知动机和扩大他们的欲知范围。他们努力在人能确切知道的东西和不能确切知道的东西之间划上一条明确的界线，而他们主要是关注他们能够确切把握的东西，这就是自身的德行及其训练。这种理智的诚实还特别表现于对死后灵魂和神灵的探究上。他们坚定的理性主义限制了信仰的渴望。所以，我们看到，在《沉思录》中，在没有把握的情况下，作者不多谈死后，不打探来世，不讨论灵魂不朽，当然更没有死后的赏善罚恶、天堂地狱或者来世的因果报应。奥勒留经常谈到神意、神性，但对神灵的存在及如何存在其实谈的很少，他只是按自己的理解大略地肯定神灵的存在，并在星空尚未被自然科学"脱魅"的情况下，认为神灵是以某种星辰的形式存在。他并不去仔细地分辨神灵是一还是多、是人格的还是非人格的，也不去过多地探讨神与人的关系究竟是怎样的。他只是大致地满足于他们感觉到的自然界的神意和人身上的神性，而这种神性其实也是一种普遍的理性。但是，他也绝不否定神的存在，以及某种天意与人的德行的必然联系。

第二个特点是平衡的中道。从中道的角度观察，思想史上可以看到两种发展或演变形态，一种是由中道到极端，从中和到分化。如孔子是相当中和、中道的，后来则有内圣和外王两派的不同发展。相当具有综合性的苏格拉底之后也有大苏格拉底派和小苏格拉底派两个方面，而在小苏格拉底派中也有向快乐主义与犬儒派两个极端的发展。还有一种发展则是由极端到中道，比如说从犬儒派发展到斯多亚派。犬儒派的思想行为更趋极端，甚至其中有一种有意如此以引人注目的因素，而斯多亚派却渐趋中和。

比如说，它不再刻意强调睡木桶、穿破衣等自找苦吃的行为，而是比较顺其自然，但心底其实是更为淡漠地对待外物。这一点我们在奥勒留《沉思录》卷一中提到的几位斯多亚派哲人及他自身的行为方式中可以看得很清楚。在对待物欲方面，他们绝不纵欲，但也不禁欲，而只是自然而然地节欲。这是从心底里更看轻这些外物，也是要更专注于自己的精神。他们平时的生活和行为一如常人，并不炫人耳目，然而，不管外界发生什么变故，他们将始终坚定如常。

这就把我们引到奥勒留精神和品格的第三个特点：温和的坚定。他不仅用理性和意志节制自己的欲望，也用理性和意志控制自己的激情。他始终是温和的，甚至常常可能会让人觉得是冷淡的。斯多亚派哲人对自己的一个基本要求就是不动心。他试图调动自己心灵的最大力量来使心灵不为任何外物和事件所动。他使自己坚如磐石，但这并不是像磐石一样来自本身的自然属性，而主要是一种意志磨炼的结果。他是温和的、宽容的、与人为善的，但也是坚定的、决不改变自己道德原则的。

第四种精神特质则是一种此世的超越精神，即立足于此世，不幻想和渴望彼岸；但又超越于世俗的权名，淡泊于人间的功利。其中"超越权名"尤其是对已掌握或欲追求权名者而言,"淡泊功利"则可对所有人而言。奥勒留在自己的思考中不仅反复指出权力和名声根本性质上的虚幻,也指出财富和功利同样是不值得人们那样热烈地去追求的。

这里有一个有趣的问题:为什么相当多的政治家,包括伟大的政治家,比如腓特烈大帝,或者许多处在权力巅峰的人会对奥勒留的《沉思录》心有所感,乃至深深契合?为什么那么多要忙着处理重大政治问题和经济事务的人,那么多正处在权力或影响力巅峰的人会腾出身来,如此耐心而且常常是倾心地聆听这样一位教导权力和名声并无价值的斯多亚派哲人的声音?一个外在的原因或者可以说是奥勒留也同样处在这样一种权力的顶峰,他有自己亲身的体验,他们想听听这位皇帝说了些什么。但更重要的原因,则无疑是一种既能够恰当地运用和把握权力,又不以不顾一切地攫取和牢固地占有权力为意图的超越精神。这种超越精神能够使人恰如其分地看待自己以及自己所掌握的权力,使他知道,无论这种权力以及由它带来的名声有多大,本质上都仍然是过眼烟云。有了这种超越精神和对权名恰如其分的认识,他就不容易自我膨胀,不容易滥用权力。而一个附带的有益结果可能是,不管他在政坛成就如何,甚至事业失败或者个人失意——这种失败和失意其实比成功更为常见,那么他还可以由这种超越精神得到一种安慰和解脱，使自己的心灵得到一种宁静。

至于淡泊于功利，则可以说对所有时代的所有人都有意义，而对现代人可能尤其有意义。和古代世界不同，现代世界是一个最为崇尚经济成就的世界，也是一个更为追求物质利益的世界。我们甚至不难在有些时期和有些地方看到物欲横流、功利滔滔的状况。而奥勒留的书可以使我们转过来也关心一下自己的精神，可以使我们知道，对人的评价并不应当主要看财富的多寡或者物质的成就，而应当主要看他的德行、品格和精神。物质财富上的成功，也不是所有人都能达到的，甚至不是多数人能达到的，而心灵德行上的成就，则是任何身份、任何处境里的人都能通过自己的努力达到的。

总之，一种理智上诚实但又随时准备聆听一种来自上方的感召的精神，一种在各种极端中保持平衡和恪守中道的精神，一种温和待人和坚定地应对万事万物的精神，一种超越和淡泊于权名功利的精神，以及一种履行自己职责、磨炼自身德行的精神，一种按照本性自然而然地生活的精神，在现代世界里绝没有失去意义，甚至仍然是现代人最需要珍视的价值所在。

当然，我们也在奥勒留的思想中发现某些困难或者说困惑，其中一个是有关抗恶的问题，一个是有关幸福的问题。奥勒留是不主张以恶抗恶的，那么怎样对待恶？他认为我们应当劝告作恶者，并且自己决不受作恶者的影响，仍然循德行而行。而别人的恶行，对按照本性生活且具有自由意志的我来说并不构成恶，不仅不会影响，甚至有助于磨砺我的德行。但是，这些恶肯定还是恶。从社会的观点来看，是不是还可以比这更积极地对抗恶，减少恶，不仅不让恶在我这里蔓延，也不让恶在社会蔓延？而在这方面，斯多亚派的哲学是较少思考的，它主要还是一种自我磨炼的伦理学，而如果立足于社会，肯定还是可以采取一种更积极的态度，可以考虑从制度上如何约束恶，以及在某些危急关头动员和联合好人们奋起抗击恶。我们的确看到近代以来有些理论对改造社会的期望过高，但是否奥勒留对改造社会的期望过低呢？这些都是可以讨论的。

另一个问题是有关幸福的问题，这包括人们的自由、自尊及符合"人之为人"的物质生活条件，而即便是自由和自尊，也常常是需要某种物质手段来支撑的。斯多亚派的哲人所谈到的自由经常只是一种否定的自由、是说"不"的自由，但更具实质意义的自由肯定还是应当包括选择的多种可能性的。幸福的条件也需要包括某些外在的因素：比如他人的评价、社会的尊重，以及一定的物质生活资料、好人有好报，等等。

以上两个问题可以说是有联系的，它们都涉及纯粹自我德行以外的东西。而完全在自身德行中自足的观点，从实践的角度看，还是相当精英化的，适合作为社会道德的榜样而非大多数人常行的准则。

如何阅读本书

最后再简略谈一下《沉思录》这本书的风格和读法。《沉思录》与其说是一本著作，不如说更像是灵魂的低语。你必须使自己安静下来，才能清晰地听见它的声音。当然，它本身又有一种使心灵宁静的力量。它是朴实的，作者从来没有想到它会发表乃至传世，他只是要说出自己心里的话，只是要帮助自己进行一种精神和德行的训练。但它也表现出一种美，一种从纯净心灵中汩汩流出的美。

所以，读这本书，是可以随时拿起，随时放下的，一次能读多少就读多少。不必一次读完，也不一定都按顺序读。而一种相对散漫的阅读方式也是符合作者的思考和写作方式的。奥勒留是在极繁忙的事务中随手记下自己的思考的。他不求系统甚至没有想过发表。而对读者来说，重要的是我们能够深入其思想，脱离日常的喧嚣而进入沉思。

所以，这本书不妨片段地读，但值得反复地读。它不是一次写完，也不必一次读完。而不知不觉中，你可能就读了许多遍了。它成了你的枕边书或者案头书。当然你也可以很久不去读它，在尘封了许多日子之后，你偶尔拿起它，又会像遇到一位老朋友。而如果有比较集中的时间的话，我也主张连贯地读一两遍全书，这样可以把握其总体思想，也不致对某些概念或表述感到突兀和不能理解。《沉思录》在自己的流传史上，也曾是长期尘封。在经历了一千多年近乎湮没无闻的岁月之后，它又突然在现代世界广泛地流传开来。这是否说明：现代人的心灵比起中世纪人的心灵来，更容易，或者毋宁说更需要感受其心灵的低语？一些人可能由"神"退向它，而还有一些人则可能由它走向"神"。

三

与《道德箴言录》的比较

20世纪80年代，我翻译了两部篇幅不大的西方人生哲学和伦理学的经典：一部是古罗马帝国皇帝马可·奥勒留的《沉思录》；另一部是法国贵族拉罗什福科的《道德箴言录》。现在对这两本书做一点简单的比较，或可进一步加深我们对《沉思录》的理解。

这两本书所涉及的内容都是人很内在的心灵部分或很隐秘的心理部分。但如果说《沉思录》是在思索人的心灵应当追求什么,它告诉我们,甚至在外在的生活环境与自己的本性很不契合的时候,心灵也还是可以做一种独立高远的追求;那么,《道德箴言录》则是在说人们内心事实上在追求什么,它告诉我们,甚至当人们在行善的时候,他们的心里也很可能掺杂了一些其他的利己动机。前者展示了人的心灵可以飞翔得多么高,后者则告诉我们人事实上还匍匐得有多么低。

所以,在某种意义上,合观两书,或许恰好可以达到帕斯卡尔对人的一种认识:人既伟大而又悲惨。人在知、情、意方面所能达到的目标和状态都是有限的,甚至常常是处境悲惨的,但人能够意识到自己的限度。人有这样一种有关限度的思想,并仍然抱有一种对于无限的渴望,他就是伟大的,就在精神上无比地高于其他动物。人的伟大就在于能够认识自己的有限但仍然渴望无限。

这样,我们就不妨在我们的心灵里包含两端:一方面要具有现实感,对人性、对人所能达到的道德完善状态或人生幸福状态不抱太过分的期望;另一方面,又不要因此失望,失去善良或追求善良的动力,相反,我们因此更需要一种超越的精神力量，更应当努力向上和向善，努力地拔出自己，而不是停留在一种泥泞、黏稠乃至污秽的状态中。

当然，当我们说《沉思录》一书展示了人的心灵——其实是奥勒留自己的心灵——在努力向上、努力向无限追求的时候，我们并不是说奥勒留不知道人的限度，尤其是社会的限度。他作为一个当时世界上最强大的一个帝国的真正的哲学家皇帝，并没有将自己的哲学思想强加于社会，他个人的最高精神追求甚至不为这个社会所知，他对社会上的人们只是尽力履行自己作为最高统治者的职责——但并不包括安排和规定他们的精神价值追求的"职责"。然而，由于他的著作的流传，他的思想和精神追求无论如何还是深深地影响了后人。

同样，当我们说《道德箴言录》深刻地揭露出人们阴森复杂的心理动机的时候，我们也不是说拉罗什福科就放弃了对于人精神追求的希望，否定了人达到比较善良、社会达到比较健全状态的可能性。他说他的揭露性描述"仅仅考虑了那些处在本性被罪孽腐蚀的可悲状态中的人们"，而与"上帝以一种特别的恩惠所眷顾的人们无关"。他对作为人们行为主要动机的"利益"的理解也是宽泛的，不仅指物质财产的利益，也包括了对荣誉和名誉的追求。

所以，在奥勒留和拉罗什福科那里，他们的内心其实也都同时包含了对无限的深沉渴望和对有限性的清醒认识的两端，只是各自都有一端比较彰显而另一端隐而不显。他们隐晦或沉默的一部分或可由对方彰显的部分而形成某种平衡和互补。

还有一些另外的对照，比如他们所处的时代，生活在公元2世纪的奥勒留是处在古典社会——古希腊罗马社会——的晚期，也是一个强调更彻底和超越的基督教精神信仰时代的前夕；而生活在公元17世纪的拉罗什福科则处在这个信仰时代向一个重新世俗化的时代（近现代）回归的早期，这个时代比之古典时代不仅更重视此世，而且更重视实利。所以，他们的思想都可以说有某种预示或预感的意义。又比如虽然他们都同样主张要接受命运，但奥勒留更强调其间的必然性，而拉罗什福科更强调其间的偶然性；还有像奥勒留更推崇理性，而拉罗什福科更重视激情；等等，不一而足。但在思想的层级上，他们都是处在高端而非低端；在文字上，他们也各自把一种短小精深、最具个性的思想形式——随感和箴言——发展到一个相当完美的地步。

《沉思录》是自己写给自己的隐秘手书，《道德箴言录》开始也只是在沙龙里口耳相传，直到出现了多有错误的盗印本，作者才不得不自己将其整理付梓。这两部书都不是为出版而作，不意却成为经典之作，甚至有一本还成为今天中国的热门畅销书。虽然说它不仅留传而且也流行总归是一件好事——和时下坊间许多畅销书相比，"与其你流行，还不如我流行"呢，但是，它的流行的确和作者，也许我还可以说和译者没有多少关系。它们的确不是那种好读而又实用的畅销书，读它们是颇要费些力气的，而且还可能令人感到不安——为什么我不能有另一种生活，不能让我的生活有更具精神性的一面？甚至还可能让人感到不快——难道我的内心真的还有这样多不洁的东西？但是，好书终究还是好书。对最好的一类书，我们要努力去配得上它，而不是让它来迁就我们。

《沉思录》的流传与版本

《沉思录》能流传至今,在没有发明印刷术而只能靠手抄本传播,且又长期处在一种异己的思想信仰世界里的情况下,几乎可以说是一个奇迹。它经历了很可能完全湮没无闻的危险。而这种危险,又尤其表现于早期。我们知道,这本书是奥勒留为自己写的,是他留给自己反省用的,它甚至很难说是书,而只是一些私人笔记。在他死后,这些笔记可能由其亲友或崇拜者保留下来了,但它当时是否就已经被复制,我们不得而知,而时代不久就进入了一个基督教的时期。在奥勒留去世一百多年后,罗马皇帝皈依基督教,政教合一,人们热烈地投身宗教信仰,古典世界的哲学和文学艺术不再受到重视,不少古典文献最终流失。

据西方学者的介绍,在奥勒留身后近两百年,约公元350年,的确还是有一位哲学家塞米斯提乌斯(Themistius)在其讲演录中谈到过奥勒留写过"自我训诫"的作品。有些历史学家也谈到奥勒留的一些哲学思考片段,这说明这本书的有些内容已经在世间流传,但只是到公元10世纪拜占庭帝国时期,我们才发现有可靠的证据证明奥勒留的著作在被阅读和复制。在一本当时出版的拜占庭的大词典《苏达辞典》(Suda Lexicon)中,有大约三十条来自《沉思录》的引文,并明确提到奥勒留的著作有十二卷,称为"个人生活的准则"。书中还有几个条目也提到了奥勒留的著作,其中提到了皇帝的名字,但是没有作品的名字。而且,有一位小亚细亚的主教阿瑞塔斯(Arethas)也在907年的一封信中提到他有一本这位哲学家皇帝的著作抄本,在他自己的著述中,他也引用过《沉思录》的一些段落。

然而,在西方世界,奥勒留的书到了16世纪才开始流行。1559年(一说1558年)是一个里程碑,这一年,一个印刷的版本在苏黎世出现,它是根据一个现在已经遗失的希腊文手抄本出版的,这个版本还包含了由克叙兰德(Xylander)翻译的拉丁语译文。除了这个最早的印刷版本以外,梵蒂冈图书馆现在还藏有一个14世纪的完整的手抄本。其中最完整的一个版本是托马斯·盖特克(Thomas Gataker)于1652年出版的。盖特克做了许多重要的订正。他还做出了一个新的拉丁文版本。他在每段的空白处加上了附注,指明其他与之类似的段落。并写了一个评注,是古代学者的评注中最为全面的,包括了编者对某些较为困难的章节的说明,还引用了所有的古代希腊和罗马的学者对这些文本的说明。17世纪之后,《沉思录》的流传就大大加速了,除了拉丁文,它不久还被译成了欧洲各种主要语言:英语、德语、法语、意大利语、西班牙语、俄语等,在西方社会广泛传播。而其原来的希腊语版本也得到进一步的整理出版:在德国,希腊语版本由舒尔兹(J. M. Schultz)于1802年在莱比锡出版;在法国,由科雷(Adamantinus Corai)于1816年在巴黎出版。

所以,《沉思录》的传世,可以说是一种奥德赛式的历险和归家,而且是从东方又回到西方。它跨过了漫长的中世纪,就好像是"死"了千年,又和近代人一起回到人间,重新在现代世界产生广泛而有力的影响。

《沉思录》的第一个英译本出现在1636年,下面是其早期主要译本的译者和出版年份的一个列表:

1. Meric Casaubon, 1636;

2. Jeremy Collier, 1701;

3. James Thomson, 1747;

4. R. Graves, 1792;

5. H. McCormac, 1844;

6. George Long, 1862;

7. G. H. Rendall, 1898。

这里比较重要的译本是1、2、6。卡索邦(Casaubon)

的译本是首次英译本,其地位自然不可替代。但其译文有些地方类似编译,分段也非通行的做法。杰里米·柯里尔(Jeremy Collier)的译本流畅易读,流行了相当长时间,但后来被批评为不够准确且"粗糙鄙俗",被其后乔治·朗(George Long)的英译本所取代。朗的译本的出版是一个巨大的成功,在出版后数十年间几乎被视为唯一的"标准译本",现在也还是经常被作为主要的译本反复印行。作者自述他翻译的过程和主旨是:"我在使用这本书很多年之后利用空余时间将其译出。……我本意是个人使用而已,因为我觉得很值得花这样的工夫,但是这个译本或许也对其他人有用,于是我又决定将其印刷出版。因为原文有时非常难以理解,更加难于翻译,因此错误也在所难免。但是我相信绝大多数时候我都领会了原文的意思。……我本应该使语言风格更加简单流畅,但是我更加倾向于使用一种较粗犷的风格来表达原文的风格特征。有时译文中的晦涩不明也正是原希腊文中的晦涩不明的忠实再现。……我为一些希腊术语做了索引,并且有对应的英语术语。即使没有找出最佳的希腊语的对应的话,我也已经尽了全力了,在正文中我也尽量给同一希腊术语以相同的英语单词对应。"据此,我们也许可以说,朗的译文的主要特征是准确地表达了希腊原文的意思乃至风格,并力求典雅,但在通达方面或有所不足。

19世纪的英国文学家、思想家阿诺德（Matthew Arnold）曾经将乔治·朗的译本与在这之前的杰里米·柯里尔的译本做过比较和评论，他说，在朗的译本之后，那些生活不是为了阅读、而阅读是为生活的英国人，就可以不去碰希腊文原本了。朗还翻译了大致与奥勒留同时期的爱比克泰德和普鲁塔克的著作，阿诺德认为，朗以一个古典学者的严谨和对希腊语的娴熟把握保证了译文的准确可靠，而且，朗还考虑了对于现代人的可读性，他不是将奥勒留仅仅作为一个古典世界中的伟人，而是作为一个仍然可以为现代的普通人提供"生活榜样和行为指导"的人来译介。但是，阿诺德也为朗之前的译者柯里尔说了一些好话，认为柯里尔也同样是把奥勒留看作活着的道德家而非死去的古人，其有些段落的翻译，还是可以与朗媲美的。他认为柯里尔作为译者的真正缺点，还不是他的"粗糙"和"鄙俗"，而是没有很好地掌握希腊语，这是一个严重的甚至致命的弱点，从而使朗的翻译成为必要。他说，柯里尔的译著将被忘记，朗将成为这一领域的主人，但也不可厚诬前人。阿诺德也指出朗翻译中的一些缺点，比如说他对有些概念不喜用较常见的词来翻译。例如，他不用"ethics"和"dialectics"而用"ethic"和"dialectic"，不用"Greeks"而用"Hellenes"。朗也比较喜欢称作者为"马可·安东尼"而不是"马可·奥勒留",但毕竟"安东尼"一名已经被派厄斯皇帝先用了,再用不易区分。朗的译文是很忠实于希腊原文的,但在有些地方可能过分拘谨。另外,我们也要注意这样一个特点,即奥勒留作为一个罗马人,其希腊文的写作也是不完善的,而在流传下来的手稿中,又还存有一些难以辨认、需要推测的地方,所以,后来的译者也有见仁见智之处。

《沉思录》的书名其实也经历了一个不断变动和不确定的过程。古代的作家,尤其是哲学家往往并不给他们的著作取名。《沉思录》作为一种私人的写作,作者看来更没有打算为它起一个名字。他有可能是想把这本书最后留赠给自己的儿子康茂德,但康茂德对哲学思想毫无兴趣。后来的书名大致是后人根据其主旨来取的。在阿瑞塔斯的信中,他是如此称奥勒留的这本书的——"写给他自己的伦理著作"。拜占庭的词典则这样描述:"他在十二卷书中思考了他个人生活的原则。"梵蒂冈的手稿中没有书名。另外一些有其引语的手稿则是标明"有关他自己的写作"或者"私人写作"。克叙兰德的拉丁语译文用的书名是"有关他自己或自己的生活"。而在1634年的英译本中,使用了"有关他自己的沉思"。渐渐地,更为简洁的"沉思录"一名就流行开来了。而我们从后人给它起名的变迁中也可以看出人们对它的理解：这是一种主要对自我以及自身与世界关系的极为执着和深入的思考。

马可·奥勒留的《沉思录》的中文译本近年多多，这里只介绍四个版本，即在 2008 年因时任总理推荐此书而开始热销之前的三个版本，以及在此之后出版的一个译自希腊语的版本。

梁实秋先生 1959 年在台湾出版的《沉思录》全书译本是中文世界的第一个译本。这个译本也是命运多舛，据说因为他将作者的名字译为类似马克思的"玛克斯"，在当年谈"马"色变的台湾初版后竟遭尘封多年，直到 2003 年在台南能仁出版社出版吴重俊修订的"最新修订初版"。梁实秋译本是根据 1916 年海恩斯（Haines）英译本翻译的，梁先生在 1959 年 8 月于台北所撰的原译序中写道："我们中国的民族性，以笃行实践的孔门哲学为其根基，益以佛学的圆通深邃和理学的玄妙超绝，可以说是把宗教与伦理熔于一炉。这样的民族性应该使我们容易接受斯多亚派哲学这样最后一部杰作的启示。……平生翻译以此书最为吃力，亦以此书为受益最多。"

第二个中译本，也是大陆出版的、独立翻译的第一个中译本，即拙译《沉思录》。我在翻译这本书的时候，不知道有梁实秋先生的译本。这本译著先是于1989年在中国社会科学出版社出版，后来转到生活·读书·新知三联书店等多家出版机构。在此后直到2008年的近二十年时间里，它虽然可以说还是常销书，但并不是畅销书。我的译本是根据乔治·朗的英译本翻译的。

朱汝庆的译本是根据杰里米·柯里尔本翻译的第三个中译本，1998年由中国社会科学出版社出版。

第四个值得特别提及和推荐的中译本是王焕生先生翻译的《沉思录》（天津社会科学院出版社2010年版），它是国内第一本直接根据希腊文原版翻译的，终于弥补了以前一直都是转译的遗憾。

2008年时任总理推荐了《沉思录》这本书，此书突然大热，这让我们见识到了政治的影响力，当然远为重要的是它本身的确有巨大的价值。此后就开始有多家出版社找多位译者来翻译出版此书了，但这些翻译基本都是从英文转译的且可参考前面的译著，就不再一一列举了。

至于这些中译版本的特点乃至优劣，自然要交给读者以及时间来评判和选择了。它们所依据的原本不同，译者也各自有自己的风格。王焕生从希腊文直接翻译的意义和价值自不待言；梁实秋是文学大家和翻译家，文风畅美，他在翻译这本书的时候大概也在翻译《莎士比亚全集》；

我对作为道德哲学的斯多亚派哲学思想可能多有一些训练和了解，且在翻译风格上采取了比较直译的方式，所依据的乔治·朗的译本也是以直译著称，这样做的好处是比较忠实于原文和原意，但由于原作是作者自己写给自己的哲学沉思，也可能给一些读者带来不够通达的感觉。

作者生平

121年：4月26日出生于罗马一个贵族家庭，取名马可·奥勒留·维勒斯（Marcus Aurelius Verus）。

父亲阿尼厄斯·维勒斯（Annius Verus），母亲多米特·卡尔维娜（Domitia Calvilla），也叫露西娜（Lucilla）。其父亲一族曾是西班牙人，但早已定居罗马多年，并从维斯佩申皇帝那里获得了贵族身份。其母亲一族也是地位显赫的贵族，其外曾祖父卡提留斯·西维勒斯（Catilius Severus）曾两次担任执政官。

但是，奥勒留尚在襁褓时其父就死于执政官任上，改由祖父阿尼厄斯·维勒斯（奥勒留的父亲与其祖父同名）抚养。其祖父曾三度担任罗马的执政官，最初是在图密善（Domitian）皇帝时期，后来则是在公元121—126年间，即奥勒留刚生下来的前五年。奥勒留虽然幼年丧父，但还是度过了一个相当幸福的童年。

127年：6岁，获骑士衔。未上公共学校，而是由私聘教师指导受教，这样，直到他成年，在希腊文学和拉丁文

学、修辞、法律、绘画,尤其是哲学方面得到了在当时来说最好的教育,这些老师主要有:

戴奥吉纳图斯,据说是马可·奥勒留的启蒙老师,是一位画家也是一名斯多亚派的哲学家,他主要教授奥勒留绘画和哲学。

尤尼乌斯·拉斯蒂克斯,斯多亚派哲学家,给予了奥勒留最深刻的私人引导,还教授法律,他一直是奥勒留的知己,后来在奥勒留的帝王生涯中扮演着帝师和智囊的双重角色,曾两次被奥勒留任命为执政官。

阿波罗尼奥斯,一位严格的斯多亚派哲学家,他在奥勒留养父统治的年代被专门请到罗马,成为奥勒留的老师。

喀罗尼亚的塞克斯都,斯多亚派哲学家,古希腊著名历史学家普鲁塔克的孙子(一说侄子),奥勒留经常聆听其演讲。

亚历山大,祖籍佛里吉亚,修辞学家,奥勒留的希腊语文法教师。

弗朗特,奥勒留和维勒斯这两位未来的皇位继承人的共同老师,主要教授修辞学,著名演说家和书简作家,公元143年担任执政官,曾和奥勒留有大量的书信往来,并有传世。在老师中,他和拉斯蒂克斯是对奥勒留影响最大的两位。

柏拉图学者亚历山大,也是修辞学家,大概于170年左右成为皇帝的秘书。

克特勒斯,一位斯多亚派哲学家。

克劳迪厄斯·马克西默斯,一位斯多亚派哲学家。

沃伦修斯·麦西安努斯,一位杰出的罗马法学家,教授奥勒留法律。

奥勒留起初也曾像当时大多数罗马青年一样学习写诗,但后来放弃了文学,专心于斯多亚派哲学。当然,他也接受了贵族甚至王室继承人的训练,例如军事科学和指挥技艺。

129年:8岁,为古罗马战神祭司。

孩提时期,奥勒留就以其性格的真诚坦率得到了哈德良皇帝的好感。哈德良皇帝在原先的继嗣柳希厄斯死后,选定安东尼·派厄斯为自己的继嗣,条件是派厄斯亦要收养马可·奥勒留和原先继嗣的儿子科莫德斯(Commodus,后易名为维勒斯)为养子。而奥勒留的姑母安妮娅·盖利娜·福斯蒂娜(Annia Galeria Faustina)嫁给了安东尼·派厄斯。姑父安东尼·派厄斯无子,便以奥勒留为养子,改其名为 Marcus Aurelius Antoninus。这样,马可·奥勒留的全名就是马可·奥勒留·安东尼,由于其养父也叫安东尼,所以习惯上叫他"马可·奥勒留"。

132年:11岁,自幼便学习过一种简单朴素的生活,这年更开始有意身着古代希腊与罗马哲学家们常穿的简陋的长袍，模仿他们的生活方式，艰苦自约，一度到了损害自己健康的地步。他体质素弱，但勇气过人，成年后狩猎时擒杀野猪毫无惧色，但性不好斗，更不喜结派，轻易不现身于竞技场内。

136年：15岁，与养父的另一养子科莫斯德的姐姐法比亚（Fabia）订婚。

138年：17岁，与法比亚解除婚约，与姑母之女福斯蒂娜订婚。哈德良皇帝去世，养父派厄斯继位为帝。

奥勒留的养父（也是姑父）安东尼·派厄斯皇帝（Antoninus Pius，86—161，138—161年在位），和奥勒留在史上并称为"两安东尼"，是罗马帝国"五贤帝"中的第四位，在其治下罗马帝国迎来了空前的繁荣。他可以说是对奥勒留一生影响最大的人。

139年：18岁，奥勒留获得"恺撒"的称号，协助养父治理国家。

140年：19岁，擢升为执政官。

145年（一说146年）：24岁，结婚。再次被推举为执政官。

147年：26岁，生一女，一生总共生有十三个儿女，但只有六人存活，其五个儿子中只有一个即康茂德长大成人。

担任护民官,并获得其他国家荣誉,被指定为皇帝的继承人。

161年: 40岁,养父安东尼皇帝去世。即帝位。之前第三次被推举为执政官。

奥勒留即帝位后,邀请他养父的另一养子卢修斯·维勒斯与他共理国事,这是罗马帝国历史上第一次由两个皇帝共享皇权。卢修斯·维勒斯生于130年,卒于169年,161—169年在位,他娶了奥勒留的女儿露西娜为妻,所以,奥勒留又是他的岳父。据说元老院曾要求奥勒留独自执掌朝政,但是奥勒留坚持要共同在位。而维勒斯据说是一个懒散十足的人,并不适于这一位置。但是奥勒留容忍他,而维勒斯也有自知之明,对奥勒留的品格敬重有加。

162年: 41岁,其时帝国疆界横跨欧亚非三大洲,北抵英吉利海峡、莱茵河、黑海、高加索一线,南至北部非洲,东到阿拉伯沙漠。边境不宁,维勒斯统兵征讨东方的叛乱,据说主要是依靠他手下的将领而取得成功。与安息人的战争最终于公元165年结束,奥勒留与维勒斯于166年在东部为这次的胜利举行了凯旋仪式。而北方的马可曼尼人(Marcomanni)也发动叛乱。台伯河(Tiber)发生洪水灾害,基齐库斯(Cyzicus)发生地震,国内疾病蔓延,奥勒留变卖珠宝以赈灾。

166年：45岁，派遣使者经日南送来象牙犀角，并与中国建立通商关系。

在安息战争之后从亚洲回来的罗马军队带回了瘟疫，意大利的许多村庄和城市沦为废墟，罗马城里也有近万人死亡。

169年：48岁，维勒斯卒，此后奥勒留独自治理国家。

亲征平定北方叛乱。在与日耳曼人的战争中，奥勒留曾经在位于多瑙河畔的卡尔嫩图穆[1]要塞住了三年，这期间他将马可曼尼人完全赶出了潘诺尼亚，并且在他们撤退到多瑙河时几乎将他们全部歼灭。

174年：53岁，与日耳曼人作战，取得了对夸迪部落的重大胜利。

175年：54岁，骁勇善战的将领、东部诸省总督阿维第厄斯·卡希厄斯（Avidius Cassius）在叙利亚举兵反叛，自立为帝。不久叛军将领倒戈，卡希厄斯为部下所杀，奥勒留亲至东方，赦其遗族，据说还有意毁掉了一切有关叛

---

[1] 卡尔嫩图穆（Carnuntum），罗马的边关要冲，是上潘诺尼亚（Upper Pannonia）多瑙河畔的一个城市。它最早是一个重要的罗马军营，坐落于现在的奥地利境内，原属诺里克姆省（Noricum），公元1世纪后成为潘诺尼亚的一部分。哈德良皇帝在那里创立了罗马的公民城（municipium），奥勒留则在对马可曼尼人的战争期间于此城居留了四年（172—175）之久，并写作了《沉思录》的部分篇章。

乱的文件，以免牵连参与其中的人。另外，奥勒留曾经敕令过角斗士必须使用粗钝的剑进行角斗。

行军途中，妻子福斯蒂娜皇后去世，使奥勒留陷入悲痛。有传言指皇后对丈夫不忠，但奥勒留称她"温顺、深情和朴实"。

176年：55岁，从东方归，旋即赴日耳曼作战，所向披靡，但身体已衰。12月23日，与其子回到罗马。

177年：56岁，其子康茂德获得"奥古斯都"的称号。

一些基督徒因为坚持基督教信仰而在里昂被杀。据说奥勒留皇帝的诏书称，这些基督徒应该受到惩罚，但是如果他们放弃他们的信仰，那么他们就应该得到释放，结果有些坚持信仰的基督徒被处死。当时，新兴的基督徒与传统宗教的信仰者以及世俗的市民冲突激烈，狂热的群众常常发起攻击和迫害基督徒，并要求帝国政府惩罚他们。这些骚乱深深地困扰着行省的总督们和皇帝本人。

178年：57岁，士每拿（Smyrna）发生地震。

179年：58岁，日耳曼部落在一场大战中被大败，但奥勒留在这次战役中也感染了传染病。

180年：59岁，3月17日在位于下潘诺尼亚的多瑙河边的希尔米乌姆的军营中病逝。遗体或骨灰被运回罗马，在死后相当长一段时间，被人们像神一样崇敬。

沉思录

Meditations

卷一 自我由来[1]

1-1 从我的祖父维勒斯[2],我学习到弘德和制怒。

1-2 从我父亲[3]的名声及对他的追忆,我懂得了谦虚和果敢。

1-3 从我的母亲[4],我濡染了虔诚、仁爱和不仅戒除恶行甚而戒除恶念的品质,以及远离奢侈的简朴生活方式。

1-4 从我的曾祖父[5]那里,我懂得了不要时常出入公共学校,而是要在家里有好的教师;懂得了在这些事情上一个人要不吝钱财。

1-5 从我的老师那里,我明白了不要介入马戏中的

---

[1] 本书各卷名称为译者所拟。
[2] 马可·奥勒留的祖父阿尼厄斯·维勒斯(Annius Verus),在其生父去世之后抚养他。其祖父曾三度担任罗马的执政官,最初是在图密善(Domitian)皇帝时期,后来则是在公元121—126年间。马可·奥勒留的全名是马可·奥勒留·安东尼(Marcus Aurelius Antoninus)。
[3] 奥勒留的亲生父亲阿尼厄斯·维勒斯,与奥勒留的祖父同名,奥勒留尚在襁褓时其父就死于执政官任上。
[4] 奥勒留的母亲叫多米特·卡尔维娜,也叫露西娜。
[5] 这里的"曾祖父",也许是指他母亲的祖父卡提留斯·西维勒斯。

任何一派[1]，也不要陷入角斗戏中的党争；我从他那里也学会了忍受劳作，清心寡欲，事必躬亲，不干涉他人事务和不轻信流言诽谤。

1-6 从戴奥吉纳图斯[2]，我学会了不使自己碌碌于琐事，不相信术士巫师之言、驱除鬼怪精灵和类似的东西；学会了不畏惧也不热衷于战斗；学会了让人说话；学会了亲近哲学。我先是巴克斯，然后是坦德西斯、马尔塞勒斯[3]的一个倾听者，我年轻时学习写过对话，向往卧硬板床和穿粗毛皮，从他，我还学会了其他所有属于希腊学问的东西。

1-7 从拉斯蒂克斯[4]，我领悟到我的品格需要改进和

---

〔1〕 这里取意译的形式，原文直译是说马戏中的蓝、绿两派。蓝、绿是填在竞技马车上的颜色，当时罗马人为这种竞赛如醉如狂，得胜的驭手获得巨大的荣誉，成为群众的偶像。在决斗中也是分门别派的，按其装备，有使用圆盾牌的（Parmularius），有轻装的（Scutarius），可参见电影《角斗士》（*Gladiator*）。

〔2〕 戴奥吉纳图斯（Diognetus），据说是马可·奥勒留早年教育的启蒙老师，是一位画家，也是一名斯多亚派的哲学家，他主要教授奥勒留绘画和哲学。正是戴奥吉纳图斯影响了年轻的奥勒留，使他在年仅十一岁时就成了一名斯多亚主义者。

〔3〕 巴克斯（Bacchius）、坦德西斯（Tandasis）和马尔塞勒斯（Marcianus）三人已不可考，据说巴克斯是罗马时期的一名音乐家。

〔4〕 尤尼乌斯·拉斯蒂克斯（Junius Rusticus），斯多亚派哲学家，给予了奥勒留最深刻的私人引导，还教授他法律，他一直是奥勒留的知己，在奥勒留的帝王生涯中扮演着帝师和智囊的双重角色，曾两次被奥勒留任命为执政官。

训练,知道不迷误于诡辩的竞赛,不写作投机的东西,不进行烦琐的劝诫,不显示自己训练有素,或者做仁慈的行为以图炫耀;学会了避免辞藻华丽、构思精巧的写作;不穿着出门用的衣服在室内行走及别的类似事情;学会了以朴素的风格写信,就像拉斯蒂克斯从锡纽埃瑟[1]给我的母亲写的信一样;对于那些以言辞冒犯我,或者对我做了错事的人,一旦他们表现出和解的意愿,就乐意地与他们和解;从他,我也学会了仔细地阅读,不满足于表面的理解,不轻率地同意那些夸夸其谈的人;我亦感谢他使我熟悉了爱比克泰德[2]的言论,那是他从自己的收藏中传授给我的。

---

[1] 锡纽埃瑟(Sinuessa),意大利中西部古国拉丁姆(Latium)的一个重要城镇,位于利日斯和瓦特纳斯之间的海岸上。
[2] 爱比克泰德(Epictetus,约55—约130),罗马最著名的斯多亚派哲学家,生在佛里吉亚的希耶阿波利斯(Hierapolis,今土耳其棉堡),出生时可能是奴隶身份,其主人将他送至当时最著名的斯多亚派哲学家鲁弗斯(Rufus)处接受了哲学教育,而后他成为自由民,在罗马任教,直至公元90年由于图密善皇帝驱逐哲学家而离开罗马,在尼科波利斯(Nicopolis)终其天年。严格来说,他并不著述。他的学生阿里安(Arrian)编撰了记载其主要思想的《手册》(Encheiridion)。爱比克泰德一生贫穷,早年由于酷刑曾落下腿疾,他以灵魂的宁静作为毕生追寻的宏旨。倡导忍让和仁慈,教导人们服从并安享命运的安排,演绎属于自己的命定的人生角色。

1-8 从阿波罗尼奥斯[1],我懂得了意志的自由,以及目标的坚定不移;懂得了在任何时候都要依赖理性,而不依赖任何别的东西;懂得了在失子和久病的剧烈痛苦中镇定如常;从他,我也清楚地看到了一个既坚定又灵活、在教导人时毫不暴躁的活的榜样;看到了一个清醒的不以他解释各种哲学原则时的经验和艺术自傲的人;从他,我也学会了如何从值得尊敬的朋友那里得到好感而又丝毫不显得卑微,或者对他们置若罔闻。

1-9 从塞克斯都[2],我看到了一种仁爱的气质,一个以慈爱方式管理家庭的榜样和合乎自然地生活的观念,看到了毫无矫饰的庄严、为朋友谋利的细心,对无知者和那些不假思索发表意见的人的容忍:他有一种能使自己和所有人欣然相处的能力,以致和他交往的愉快胜过任何奉承,同时,他又受到那些与其交往者的高度尊敬。他具有一种

---

[1] 阿波罗尼奥斯(Apollonius of Chalcis),一位严格的斯多亚派哲学家,他在奥勒留养父统治的年代来到罗马,成为奥勒留的老师。据说他第一次被宣召入宫时曾说:"老师不应该去就学生,而是学生应该去就老师。"以致花了很大代价把他从遥远的家乡请到罗马来的派厄斯皇帝后来说:"请他到罗马还是比请他从住处到皇宫容易些。"
[2] 喀罗尼亚的塞克斯都(Sextus of Chaeronea),斯多亚派哲学家,古希腊著名历史学家普鲁塔克(Plutarch)的孙子(一说侄子),奥勒留经常聆听其演讲,甚至在做了皇帝之后亦如此。

以明智和系统的方式发现和整理必要的生活原则的能力，他从不表现任何愤怒或别的激情，完全避免了激情而同时又温柔宽厚，他能够表示嘉许而毫不啰唆，拥有渊博知识而毫不矜夸。

1-10 从文法家亚历山大[1]，我学会了避免挑剔，不去苛责那些表达上有粗俗、欠文理和生造等毛病的人们，而是灵巧地通过回答的方式、证实的方式、探讨事物本身而非词汇的方式，或者别的恰当启示，来引出那应当使用的正确表达。

1-11 从弗朗特[2]，我学会了观察仅仅在一个暴君那里存在的嫉妒、伪善和口是心非，知道我们中间那些被称为上流人的一般是相当缺乏仁慈之情的。

1-12 从柏拉图派学者亚历山大[3]，我懂得了若非必要，我不应时常在言谈或信件中对人表示说我没有闲暇；

---

[1] 亚历山大（Alexander），祖籍佛里吉亚（Phrygia），奥勒留的希腊语文法教师，他曾写过有关荷马的评论。阿里斯提德（Aristides）曾为其葬礼发表演说。
[2] 弗朗特（Marcus Cornelius Fronto），奥勒留和维勒斯（Lucius Verus）这两位未来的皇位继承人的共同老师，主要教授修辞学，著名演说家和书简作家，143年担任执政官，曾和奥勒留有大量的书信往来。后者也给予弗朗特极高的荣誉，甚至令元老院为他塑像。
[3] 亚历山大（Alexander the Platonic），修辞学家，大概于170年左右成为皇帝的秘书。

懂得了我们并不是总能以紧迫事务的借口来推卸对与自己一起生活的那些人的义务。

1-13 从克特勒斯[1],我懂得了当一个朋友抱怨,即使是无理地抱怨时也不能漠然置之,而是要试图使他恢复冷静;懂得了要随时准备以好言相劝,正像人们所说的多米蒂厄斯和雅特洛多图斯一样。从他,我也懂得了真诚地爱我的孩子。

1-14 从我的兄弟西维勒斯[2],我懂得了爱我的亲人,爱真理,爱正义;从他,我知道了思雷西亚[3]、黑尔维蒂厄

---

[1] 克特勒斯(Cinna Catulus),一位斯多亚派哲学家。多米蒂厄斯和雅特洛多图斯则不可考。
[2] 在奥勒留的生活中,西维勒斯(Severus)作为人名多次出现:其母亲的祖父卡提留斯·西维勒斯地位显赫,曾两次担任执政官;奥勒留本人在童年也曾根据外曾祖父的名字被命名为卡提留斯·西维勒斯;奥勒留还经常听取逍遥学派的克劳狄·西维勒斯(Claudius Severus)所做的演讲。但这里说"兄弟"不可能是真的。奥勒留没有兄弟。据推测他可能是指某位表兄。还有人认为是指克劳狄·西维勒斯(其子与奥勒留的一个女儿结婚)。另一种推测认为指的是奥勒留养兄维勒斯,但此处的描述不太像,且后面专门有说到其养兄的地方。
[3] 思雷西亚·帕克图斯(Thrasea Pactus),罗马元老院议员和斯多亚派哲学家,以高贵和勇气而为人称道,被暴君尼禄(54—68年在位)判处死刑。

斯[1]、加图[2]、戴昂[3]、布鲁特斯[4]；从他，我接受了一种以同样的法对待所有人、实施权利平等和言论自由的政体的思想，以及一种最大范围地尊重被治者的所有自由的王者之治的观念；我也从他那里获得一种对于哲学的始终一贯和坚定不移的尊重，一种行善的品质，为人随和，抱以善望，相信自己为朋友所爱；我也看到他从不隐瞒他对他所谴责的那些人的意见，他的朋友无须猜测他的意愿，这些意愿是相当透明的。

1-15 从马克西默斯[5]，我学会了自制，不为任何东西

---

[1] 黑尔维蒂厄斯·普里斯库斯（Helvidius Priscus），思雷西亚·帕克图斯的女婿，出身高贵且崇尚自由，被尼禄流放并被皇帝维斯佩申处以极刑。

[2] 加图（Cato），也称马库斯·波希乌斯（Marcus Porcius，前95—前46），罗马保守派政治家和斯多亚派哲学家，因美德和勇气而享有盛名。他支持庞培并在内战中反对恺撒，在恺撒的塞浦路斯大捷之后自杀。

[3] 可能是指戴昂·卡西乌斯（Dion Cassius），罗马元老院议员，地位显赫，来自小亚细亚西北部的卑斯尼亚。曾用希腊文撰写过《罗马史》，从罗马城建立开始直至他所处的时代，是研究早期罗马帝国的重要史料。

[4] 古罗马有两位家喻户晓的布鲁特斯（Brutus）：一是路奇乌斯·朱利乌斯·布鲁特斯（Lucius Junius Brutus），是罗马共和国的建立者；一是马库斯·朱利乌斯·布鲁特斯（Marcus Junius Brutus），是古罗马的政治家和将军，和盖乌斯·卡西乌斯·罗基努斯（Gaius Cassius Longinus）一起共谋了暗杀恺撒的行动。

[5] 克劳迪厄斯·马克西默斯（Claudius Maximus），一位斯多（转下页）

所左右，在任何环境里和疾病中欢愉如常，在道德品格方面形成一种甜美和尊严的恰当配合，做摆在面前的事情并毫无怨言。我注意到所有人都相信果如其言，在任何行为中都不抱恶意；他从未表现过奇怪和惊骇，从不匆忙，从不拖延，从不困惑或沮丧，他不以笑声掩饰他的焦虑，另一方面也不狂热或多疑。他已习惯于仁慈的行为，随时准备宽恕，避开所有错误；他给人的印象与其说是不断改善，不如说是一贯公正。我也注意到：任何人都不能认为受到了他的蔑视，或者敢自认是比他更好的人。他也具有一种令人愉快的幽默的本领。

1-16 在我的父亲[1]那里，我看到了一种温柔的气质，和在他经过适当的考虑之后对所决定的事情的不可更改的决心；在世人认为光荣的事情上他毫无骄矜之心，热爱劳作，持之以恒，乐意倾听对公共福利提出的建议；在论功

（接上页）亚派哲学家，他也受到奥勒留养父派厄斯皇帝的高度尊敬，被视为一个完美的人，其忍受痛苦的勇气尤其为人所称颂。

[1] 奥勒留的养父，安东尼·派厄斯皇帝，和奥勒留在史上并称为"两安东尼"，他是罗马帝国"五贤帝"中的第四位，五贤帝的统治时期也因他的名字被称为"安东尼王朝"（Antonine Dynasty），五帝治下的罗马帝国迎来了空前的繁荣。哈德良皇帝在138年指定安东尼为继承人，而其甫一上任，就尊哈德良为神，基于此被元老院冠名为Pius（孝顺之意）。

卷一 自我由来

行赏方面毫不动摇,并拥有一种从经验中获得的辨别精力充沛和软弱无力的行动的知识。我注意到他克服了对娈童的情欲;他把自己视为与任何别的公民一样平等的公民;他解除了他的朋友要与他一起喝茶,或者在他去国外时必须觐见他的所有义务,那些由于紧急事务而没有陪伴他的人,总是发现他对他们一如往常。我也看到了他仔细探讨所有需考虑的事情的习惯,他坚持不懈,绝不因对初步印象的满足就停止他的探究;他有一种保持友谊的气质,不会很快厌倦朋友,同时又不放纵自己的柔情;他对所有环境都感到满足和快乐;能不夸示地见微知著,富有远见;他直接阻止流行的赞颂和一切谄媚;对帝国的管理所需要的事务保持警醒,善于量入为出,精打细算,并耐心地忍受由此而来的责难;他不迷信神灵,也不以赏赐、娱乐或奉承大众而对人们献殷勤;他在所有事情上都显示出一种清醒和坚定,不表现任何卑贱的思想或行为,也不好新骛奇。对于幸运所赐的丰富的有益于生命的东西,他不炫耀也不推辞,所以,当他拥有这些东西时,他享受它们且毫不做作;而当他没有这些东西时,他也不渴求它们。没有人能说他像一个诡辩家、一个能说会道的家奴,或者一个卖弄学问的人,而都承认他是成熟的人,完善的人,不受奉承的影响、能够安排他自己和别人事务的人。除此之外,他尊重那些真正的哲学家，他不谴责那些自称是哲学家的人，同时又不易受他们的影响。他在社交方面也是容易相处的，他使人感到惬意，且毫无损人的装腔作势。他对他的身体健康有一种合理的关心，他既不是太依恋生命，又不是对个人的形象漠不关心（虽然还有点漫不经心），但他通过自己的注意，仍然很少需要看医生、吃药或进补品。他很乐意并毫无嫉妒心地给拥有任何特殊才能的人开路，像那些具有雄辩才能或拥有法律、道德等知识的人，他给他们以帮助，使每个人都能依其长处而享有名声；他总是按照他的国家的制度行事而毫不做作。而且，他不喜欢变动不居，而是爱好住在同一个地方，专注于同一件事情，在他的头痛病发作过去之后，他又马上焕然一新，精力充沛地去做他通常的工作。他的秘密不多，而且这很少的一些秘密也都是有关公事的；他在公众观瞻之物和公共建筑的建设中，在他对人民的捐赠中表现出谨慎和节约，因为在这些事情上，他注意是否应当做这些事，而不是注意从这些事情上获取名声。他不在不合时宜的时刻洗澡，不喜欢大兴土木营建住宅，也不关注他的饮食、他的衣服的质料和色彩，以及他的奴隶的美貌。他的衣服一般是从他在海滨的别墅罗内姆[1]来的,是从拉努维阿姆[2]来的。我们都知道他是怎样对待请求他宽恕的塔斯丘佗[3]的收税人的,这就是他总的态度。在他那里,找不到任何苛刻、顽固和残暴,也没有人们也许可以称之为甜言蜜语的任何东西;他分别地考察所有事情,仿佛他有充分的时间,毫不混淆,有条有理,精力充沛,始终一贯。那对苏格拉底的记录[4]也可以用之于他,他能够放弃也能够享受那些东西——这些东西是许多人太软弱以致既不能够放弃又不能够有节制地享受的。而这种一方面能足够强健地承受;另一方面又能保持清醒的品质,正是一个拥有一个完善的、不可战胜的灵魂的人的标志,这正像他在马克西默斯的疾病中所表现的一样。

1-17 我为我有好的祖辈、好的父母、好的姐妹、好

---

[1] 罗内姆(Lorium),位于埃特鲁斯坎(Etruria,意大利中部的古国),设有竞技场,安东尼·派厄斯皇帝于161年3月7日卒于此。
[2] 拉努维阿姆(Lanuvium),位于意大利中西部古国拉丁姆,在罗马城附近,安东尼·派厄斯皇帝于86年9月19日生于此。
[3] 塔斯丘佗(Tusculum),古代拉丁姆的一个城市,位于今天意大利的罗马东南。拉丁姆诸城邦曾与罗马组成拉丁联盟,共同抵御伊达拉斯坎人。塔斯丘佗就是拉丁姆诸城邦之一。后拉丁姆诸邦与罗马矛盾激增,于公元前338年被罗马击破,该联盟诸邦遂成为罗马的殖民地或属国。
[4] 有关苏格拉底的记录可参见色诺芬的《回忆录》I,3,15。

的教师、好的同伴、好的亲朋和几乎好的一切而感谢神明。我也为此而感谢神明:我没有卷入对他们任何一个人的冒犯。虽然我有这样一种气质,如果有机会,是可能使我做出这种事情的,但是,由于他们的好意,还没有这种机缘凑巧使我经受这种考验。而且,我还要感谢神明:我很早就不由我的祖父之妾抚养,我保护了我的青春之美,直到恰当的时辰甚至稍稍推迟这个时辰才来证明我的男性精力。我隶属于一个统治者、一个父亲,他能够从我这里夺去所有的虚骄,而带给我这样的知识,即懂得一个人是可以住在一个不需要卫兵、华衣美食、火把和雕像等东西的宫殿里的,而且一个人有力量过一种私心所好的生活,同时并不因此而思想下贱,行动懈怠,而仍能以和统治者相称的身份来做那些为了公众利益必须做的事情。我感谢神明给了我这样一个兄弟[1],他能以他的道德品格使我警醒,同时

---

[1] 本节所说的兄弟大致是指卢修斯·维勒斯,他与奥勒留一起统治罗马帝国,共享皇权。这是罗马帝国第一次两个皇帝在位(古斯巴达也有双王制,但国王权力并不很大),也堪称一个奇迹。除此之外,他和奥勒留还有更为重要的私人关系,他们被同一个父亲收养,因此成为兄弟。他娶了奥勒留的女儿露西娜为妻,所以奥勒留还是他的岳父。他受过良好的教育,积极参与政治和军事事务,具有特殊的个性魅力;一说他是个懒惰的人,不配享有皇位,但奥勒留并不烦他,而维勒斯也因奥勒留的品德而相当尊重他,没有野心,故有此八年多的和平共治。

又以他的尊重和柔情使我愉悦；感谢神明使我的孩子既不愚笨又不残废，使我并不熟谙修辞、诗歌和别的学问，假如我看到自己在这些方面取得进展的话，本来有可能完全沉醉于其中的；我感谢神明使我迅速地给予了那些培养我的人以他们看来愿意有的荣誉，而没有延宕他们曾对我寄予的愿我以后这样做的期望（因为他们那时还是年轻的）；我感谢神明使我认识了阿波罗尼奥斯、拉斯蒂克斯、马克西默斯，这使我对按照自然生活，对那种依赖神灵及他们的恩赐、帮助和灵感而过的生活得到了清晰而巩固的印象。没有什么东西阻止我立即按照自然生活，然而我还是因为自己的过错，因为没有注意到神灵的劝告（我几乎还可以说是他们的直接指示）而没有达到它；我的身体置于这样一种生活之外如此之久，但我从未触摸本尼迪克特或西奥多图斯[1]，在陷入情欲之后，我还是被治愈了。虽然我和拉斯蒂克斯相处时常常会生气，但我总算没有做出会令自己后悔的事情来；虽然我母亲不能尽其天年而终，但她最后的年月是与我在一起的；在我希望帮助任何需要帮助的人的时候，或在任何别的场合，我都不感到我缺乏这样做的

---

[1] 本尼迪克特（Benedicta）和西奥多图斯（Theodotus），奥勒留年轻时喜欢过的两位女性。

手段；而对我自己来说却不会有同样的需要，即需要从别人那里得到东西。我有一个十分温顺、深情和朴实的妻子；我有许多优秀的教师来教育我的孩子；通过梦和其他办法，我发现各种药物来治疗咯血和头昏……当我有一种对哲学的爱好时，我没有落入任何诡辩家之手，没有在历史作品上，或者在三段论法的解决上浪费时间，也没有专注于探究天国的现象；而上面所有这些事情都要求有神灵和命运的帮助。

写于格拉努瓦的夸迪（Quadi at the Granua）[1]部落

---

[1] 夸迪是日耳曼人的一个部落。奥勒留曾对其征战，本书的部分篇章就是在这一征战的途中写的。Granua 大概是说流入 Danube 的 Graan 河。

卷二 人性反省

2-1 一日之始就对自己说：我将遇见好管闲事的人、忘恩负义的人、傲慢的人、欺诈的人、嫉妒的人和孤僻的人。他们染有这些品性是因为他们不知道什么是善，什么是恶。但是，我——作为知道善和恶的性质，知道前者是美、后者是丑的人；作为知道做了错事的人们的本性是与我相似，我们不仅具有同样的血液和皮肤，而且分享同样的理智和同样的一分神性的人——决不可能被他们中的任何一个人损害，因为任何人都不可能把恶强加于我，我也不可能迁怒于这些与我同类的人，或者憎恨他们。因为，我们是天生要合作的，犹如手足、唇齿和眼睑。那么，相互反对就是违反本性了，就是自寻烦恼和自我排斥。

2-2 不论我是什么人，都只是一小小的肉体、呼吸和支配部分。丢开你的书吧；不要再让你分心，分心是不允许的；但仿佛你现在濒临死亡，轻视这肉体吧：那只是血液、骨骼和一种网状组织，一种神经、静脉和动脉的结构。也看看呼吸，它是一种什么东西？空气，并不总是同样的空气，而是每一刻都在排出和再吸入的空气。那第三就是支配部分了：这样来考虑它，你是一个老人；不要再让这成为一个奴隶，不要再像线拉木偶一样做反社会的运动，不要再不满意你现在的命运，或者躲避将来。

2-3 所有从神而来的东西都充满神意。那来自命运的东西并不脱离本性，并非与神命令的事物没有关系和关联。所有的事物都从此流出；此外有一种必然，那是为着整个宇宙的利益的，而你是它的一部分。但整体的本性所带来的，对于本性的每部分都是好的，有助于保持这一本性。而现在宇宙是通过各种元素及由这些元素组成的事物的变化保存其存在的。让这些原则对你有足够的力量，让它们总是决定你的意见吧。丢开对书本的渴望，你就能不抱怨着死去，而是欢乐、真诚地在衷心感谢神灵中死去。

2-4 记住你已经把这些事情推迟得够久了，你从神灵处得到的机会已够多了，但你没有利用它。你现在终于必须领悟那个你只是其中一部分的宇宙，领悟那种你的存在只是其中一段流逝的宇宙的管理者；你只有有限的时间，如果你不用这段时间来清除你灵感上的阴霾，它就将逝去，你亦将逝去，并永不复返。

2-5 每时每刻都要坚定地思考，就像一个罗马人，像一个富有完整而朴实的尊严，怀着友爱、自由和正义之情感去做手头要做的事情的人那样。你要摆脱所有别的思想。如果你做你生活中的每一个行为都仿佛它是最后的行为，排除对理性命令的各种冷漠态度和强烈厌恶，排除所有虚伪、自爱和对你的那一份的不满之情，你就将使自己得到解脱。你看到一个人只要把握多么少的东西就能过一种宁静的生活，就会像神的存在一样；因为就神灵来说，他们不会向注意这些事情的人要求更多的东西。

2-6 你错待了自己，你正在错待自己，我的灵魂，而你将不再有机会来荣耀自身。每个人的生命都是足够的，但你的生命却已近尾声，你的灵魂却还不去关照自身，而是把你的幸福寄予别的灵魂。

2-7 你碰到的外部事物使你分心吗？给出时间来学习新的和好的东西而停止兜圈子吧。但你也必须避免被带到另一条道路。因为那些在生活中被自己的活动弄得筋疲力尽的人也是放浪者，他们没有目标来引导每一个行为，总之，他们的所有思想都是无目的的。

2-8 不要去注意别人心里在想什么，一个人就很少会被看成是不幸福的，而那些不注意他们自己内心的活动的人却必然是不幸的。

2-9 你必须总是把这一点记在心里：什么是整体的本性，什么是我的本性，两者如何联系，我的本性是一个什么性质的整体的一部分；没有人阻止你说或者做那符合本性（你是其中的一部分）的事情。

2-10　西奥菲拉斯图斯[1]在他比较各种恶的行为时像一个真正的哲学家那样说（这种比较就像一个人根据人类的共同概念所做的比较一样）：因欲望而引起的犯罪比那些因愤怒而引起的犯罪更应该受到谴责。因为，因愤怒而犯罪的人看来是因某种痛苦和不自觉的患病而失去了理智，但因欲望而犯罪的人却是被快乐所压倒，他的犯罪看来是更放纵和更懦弱。紧接着，他又以一种配得上哲学的方式说：因快乐而犯的罪比因痛苦而犯的罪更应该受到谴责；总之，后者较像一个人首先被人错待，由于痛苦而陷入愤怒；而前者则是被他自己的冲动驱使做出恶事，是受欲望的牵导。

2-11　由于你有可能在此刻辞世，那么相应地调节你的每一行为和思想吧。如果有神灵存在，离开人世并非一件值得害怕的事情，因为神灵将不会使你陷入恶；但如

---

[1] 西奥菲拉斯图斯（Theophrastus，约前372—前287），哲学家，亚里士多德的弟子，其名为亚里士多德所赐，意为"非凡的演讲"，继亚里士多德之后执掌吕克昂学园（Lyceum）。他撰写了大量关于哲学和自然历史的著作，其主要观点是反对目的论，认为目的论过于简单，因而不能清晰地解释某些生命体的特殊现象，并提倡观察自然和实验。

果他们确实不存在，或者他们不关心人类的事务，那生活在一个没有神或神意的宇宙中对你意味着什么呢？而事实上他们是存在的，他们的确关心人类的事情，他们赋予人所有的手段使人能不陷入真正的恶。至于其他的恶，即便有的话，神灵也不会使人陷入其中的。不陷入恶完全是在一个人的力量范围之内的。那不使一个人变坏的事物，怎么能使一个人的生活变坏呢？但宇宙的本性忽视这些事情是有可能的，但这不是由于无知，也不是因为有知，亦不是因为防止或纠正这些事情的力量，也不可能是因为它缺少力量或技艺，以致犯了如此大的一个错误——使好事和坏事竟然不加区别地降临于善人和恶人身上。但肯定，死生、荣辱、苦乐所有这些事情都同样地发生于善人和恶人，它们并不使我们变好或变坏。所以，这些事物既非善亦非恶。

2-12 所有事物消失得多么快呀！在宇宙中是物体本身的消失，而在时间中是对它们的记忆的消失。这就是所有可感觉事物的性质，特别是那些伴有快乐的诱惑或骇人的痛苦的事物，或者是那些远播国外的虚浮名声的性质。它们是多么的无价值、可蔑视、肮脏、腐坏和易朽啊！所有这些都是理智能力要注意的。理智能力也要注意那些以意见和言论造成名声的人；注意什么是死亡这一事实：如果一个人观察死亡本身,通过反省的抽象力把所有有关死亡的想象分解为各个部分,他就将把死亡视为不过是自然的一种运转;如果有什么人害怕自然的运转,那他只是个稚气未脱的孩子。无论如何,死亡不仅是自然的一种运转,也是一件有利于自然之目的的事情。理智能力也要注意人是怎样接近神的,是通过他的什么部分接近神,以及他的这个部分是在什么时候这样做的。

2-13 没有比这更悲惨的了:一个人旋转着穿越一切,像诗人说的那样打听地下的事情,猜测他的邻人心里的想法,而不知道只要专注于他心中的神并真诚地尊奉他就足够了。对心中神的尊奉在于使心灵免于激情和无价值的思想而保持纯洁,不要不满于那来自神灵和人们的东西。因为,来自神灵的东西,因其优越性是值得我们尊敬的;而来自人们的东西,因我们与他们是亲族的缘故,是我们应当珍重的。有时他们甚至在某种程度上因对善恶的无知而引起我们的怜悯,这种不辨善恶的缺陷并不亚于不辨黑白的缺陷。

2-14 虽然你打算活三千年,活数万年,但还是要记住:任何人失去的不是什么别的生活,而只是他现在所过的生活;任何人所过的也不是什么别的生活,而只是他现在失去的生活。最长和最短的生命就如此成为同一。虽然那已逝去的并不相同，但现在对于所有人都是同样的。所以那丧失的看来就只是一单纯的片刻。因为一个人不可能丧失过去或未来——一个人没有的东西，有什么人能从他那里夺走呢？这样你就必须把这两件事牢记在心：一是所有来自永恒的事物犹如形式，是循环往复的，一个人是在一百年还是在两千年或无限的时间里看到同样的事物，这对他都是一回事；二是生命最长者和濒临死亡者失去的是同样的东西。因为，唯一能从一个人那里夺走的只是现在。如果这是真的，即一个人只拥有现在，那么一个人就不可能丧失一件他并不拥有的东西。

2-15 要记住一切都是意见。因为犬儒派[1]摩尼穆斯[2]所说的话是很显然的，这些话的用途也是很显然的，

---

[1] 犬儒派（Cynic），希腊哲学学派之一，活动时期在公元前4世纪到基督教时期。主要因其与众不同的生活方式而不是思想体系而与其他学派相区别。苏格拉底的门徒安提西尼被认为是这一运动的创始人。锡诺普人第欧根尼（Diogenes）则是该学派的典型，他力图过回归"自然"的生活。为此目的，他像一个流浪乞丐，在公共建筑中睡觉，乞讨食物，并以此证明即使处在如此极端的状况中仍有可能保持愉快和独立。他还提倡直言不讳以及朴素刻苦。犬儒派的思想与行为对后来的斯多亚派有较大影响。

[2] 摩尼穆斯（Monimus, 约公元前4世纪），锡拉库扎（Syracuse）人，犬儒派哲学家，曾是一名科林斯钱商的奴隶，因被第欧根尼的言行感染而投入其门下。他的名言是"一切皆空"。根据怀疑派学者恩披里柯（Sextus Empiricus）的记载，他非常类似于阿那克萨（转下页）

只要一个人从这些真实的话中汲取教益。

2-16 人的灵魂的确摧残自身,首先是在它变成宇宙的一个肿块——或者说就其可能而言变成一个赘生物——的时候。因为,为发生的事情烦恼就是使我们自己脱离本性——所有别的事物的本性都包含在这一本性的某一部分之中。其次,灵魂摧残自身是在它被什么人排斥甚或怀着恶意攻击的时候,那些愤怒的人的灵魂就是这样。第三,灵魂摧残自身是在它被快乐或痛苦压倒的时候。第四,灵魂摧残自身是在它扮演一个角色,言行不真诚的时候。第五,是在它让自己的行动漫无目标,不加考虑和不辨真相地做事的时候,因为甚至最小的事情也只有在参照一个目标来做时才是对的,而理性动物的目的就是要遵循理性和最古老的城邦和政府的法律。

2-17 在人的生活中,时间是转瞬即逝的一个点,实体处在流动之中,知觉是迟钝的,整个身体的结构容易分解,灵魂是一涡流,命运之谜不可解,名声并非根据明智的判断。一言以蔽之,属于身体的一切只是一道激流,属于灵魂的只是一个梦幻,生命是一场战争,一个过客的旅

(接上页)哥拉(Anaxarchus),因为他将存在的事物比作布景制作活动,推测这些事物与人们在睡眠和癫狂中所感知到的印象相似。

居，身后的名声也迅速落入忘川。那么一个人靠什么指引呢？唯有哲学。而这就在于使一个人心中的神不受摧残，不受伤害，免于痛苦和快乐，不做无目的的事情，而且毫不虚伪和欺瞒，并不感到需要别人做或不做任何事情，此外，接受所有对他发生的事情、所有分配给他的份额，不管它们是什么，就好像它们是从那儿，从他自己所来的地方来的；最后，以一种欢乐的心情等待死亡，把死亡看作不是别的，只是组成一切生物的元素的分解。而如果在一个事物不断变化的过程中元素本身并没有受到损害，为什么一个人竟忧虑所有这些元素的变化和分解呢？因为死是合乎本性的，而合乎本性的东西都不是恶。

　　　　　　　　　　　　写于卡尔嫩图穆

卷三 服从天意

3-1 我们不仅应当考虑到我们的生命每日每时都在耗费，剩下的部分越来越少，而且应当考虑另一件事情，即如果一个人竟然活得久些，也没有多大把握说理解力还能继续足以使他领悟事物，还能保持那种努力获得有关神和人的知识的思考能力。因为他将在排泄、营养、想象和胃口或别的类似能力衰退之前，就开始堕入老年性昏聩，而那种运用我们自己的能力，满足我们义务标准的能力、清晰地区分各种现象的能力、考虑一个人是否应当现在辞世的能力等诸如此类的能力，绝对需要一种训练有素的理性，而这种理性整个地已经衰退了。所以我们必须抓紧时间，这不仅是因为我们在一天天地接近死亡，而且因为对事物的观照和理解力将先行消失。

3-2 我们也应当注意到：甚至在那合乎自然地产生的事物之后出现的事物也令人欣悦和有吸引力。例如，当面包在烘烤时表面出现了某些裂痕，这些如此裂开的部分有某种不含面包师目的的形式，但在某种意义上仍然是美的，以一种特殊的方式刺激着食欲。再如无花果，当它们熟时也会裂开口；成熟的橄榄恰在它们接近腐烂时给果实增加了一种特殊的美。谷穗的低垂、狮子的睫毛、从野猪嘴里流出的泡沫，以及很多别的东西，一个人如果孤立地考察它们，虽然会觉得它们是不够美的，但由于它们是自然形成的事物的结果，所以它们还是有助于装饰，使心灵愉悦。所以，如果一个人对宇宙中产生的事物有一种感觉和较深的洞察力，那些作为其结果出现的事物在他看来就几乎都是以某种引起快乐的方式安排的。所以，他在观察真正的野兽张开的下颚时，并不比看画家和雕刻家所模仿的少一些快乐，他能在一个老年人那里看到某种成熟和合宜，能以纯净的眼光打量年轻人的魅力和可爱。很多这样的事情都要出现，它们并不使每个人愉悦，而只是使真正熟稔自然及其作品的人愉悦。

3-3 希波克拉底[1]在治愈许多病人之后自己病死了。占星家们预告了许多人的死亡，然后命运也把他们攫走。

---

[1] 科斯岛的希波克拉底（Hippocrates of Cos，约前460—前370），古希腊伯里克利时代的名医，被看作医史上最为杰出的人物之一。由于他创立了希波克拉底医学学派并产生了深远的影响，因此被尊为"医药之父"。这个学派彻底改变了古希腊的医学传统，将医学从巫术和哲学的遮蔽下独立出来，从而开启了医学专业化的历史。

沉思录

亚历山大[1]、庞培[2]、恺撒[3]在粉碎数十万计的骑兵和步兵，频繁地把整个城市夷为平地之后，他们最后也告别了人世。赫拉克利特[4]在大量地思考了宇宙的火之后，最后死于水

---

[1] 亚历山大大帝（Alexander the Great，前356—前323），古代马其顿国国王，曾师从亚里士多德，是世界历史上最为成功的军事领袖之一，在战场上所向披靡，先确立了马其顿在巴尔干半岛的霸主地位，后灭波斯帝国。直到他逝世，他已经征服了当时对古希腊而言的大部分世界，这片领域横跨欧亚地区，西起希腊、马其顿，东到印度恒河流域，南至尼罗河，北达巴比伦。亚历山大对世界的征服客观上促进了东西文化的交流。

[2] 庞培（C.Pompeius Magnus，前106—前48），贵族出身，罗马共和国末期的著名统帅、政治家。公元前83年投靠贵族派首领苏拉，曾先后镇压塞多留起义、斯巴达克起义，清剿地中海海盗。公元前65年吞并叙利亚和巴勒斯坦，公元前61年凯旋罗马。与克拉苏（Marcus Licinius Crassus）和恺撒组成"前三头同盟"，执掌罗马政局，后克拉苏卒，同盟解体，与元老院共同反对恺撒，争夺罗马的领导权，史称"恺撒内战"。公元前48年战败后逃至埃及，为法老近臣暗杀。

[3] 恺撒（Gaius Julius Caesar，前100—前44），贵族出身，古罗马军事统帅、政治家。公元前59年当选执政官。曾屡次征服高卢全境，掠取大量财富及奴隶，权势日隆。公元前48年追杀庞培入埃及，干涉埃及托勒密王朝政务。公元前45年被元老院封为终身独裁官。破例连任五年执政官，终身保民官，兼领大将军、大教长衔，及"国父"尊号。因其限制发放罗马贫民口粮，引起不满，其专制日益招致元老院贵族共和派的反对，于公元前44年3月15日被布鲁特斯、卡西乌斯以维护共和政体之名刺杀。大多数关于恺撒的生平记载来自他自己的军事评论，还有些同时代的文献资料，例如书信和演讲来自他的政敌西塞罗（Cicero）。

[4] 赫拉克利特（Heraclitus of Ephesus，前530—前470），出生于位于小亚细亚海岸爱菲斯（Ephesus）的一个贵族家庭，是前苏格拉底时期著名的伊奥尼亚派哲学家。据说他本可以继承王位却让与（转下页）

肿病,死时污泥弄脏了全身。虫豸毁了德谟克利特[1],别的虫豸杀死了苏格拉底[2]。所有这些意味着什么呢?你上船,航行,近岸,然后下来。如果的确是航向另一个生命,那就不会需要神,甚至在那儿也不需要。但如果是航向一个无知无觉之乡,你将不会再受痛苦和快乐的掌握,不会再是身体的奴隶,而身体有多么下贱,它所服务的对象就有多么优越,因为后者是理智和神性,前者则是泥土和速朽。

3-4 当你不把你的思想指向公共福利的某个目标时,

(接上页)他人,一生远离公众事务,隐居时曾因患有水肿病而用哑语问医。他的哲学观点主要是认为世界的本原是活火,万物皆流,逻各斯(Logos)是世界秩序的基础。赫拉克利特的文章以晦涩而闻名,多用比喻,被称为"晦涩哲人"。

[1] 德谟克利特(Democritus of Abdera,前460—前370或前356),来自古希腊爱琴海北部海岸的自然派哲学家,为人乐观开朗,被誉为"笑的哲学家"。德谟克利特是第一个百科全书式的学者,也是古代唯物思想的重要代表。他创立了"原子论",并以原子论为基础建立了认识论,主要观点是每一事物都是由原子所组成而且不可分割。

[2] 苏格拉底(Socrates,前469—前399),雅典哲学家,辩证法的创立者。苏格拉底与其学生柏拉图及柏拉图的学生亚里士多德并称"希腊三哲"。他关心人类本身,将哲学研究主题从宇宙和世界转移到伦理生活,使哲学从天上回到人间。苏格拉底致力于永恒真理的寻求,以"善"作为事物的最终目的,在哲学方法上发明了助产术和反诘论证的辩证法,哲学史多以苏格拉底为分水岭,将古希腊哲学划分出"前苏格拉底哲学"的阶段,足以说明苏格拉底本人对西方哲学所产生的深远影响。公元前399年,苏格拉底被雅典奴隶主民主制度以不信神和败坏青年的罪名判处死刑,他拒绝其好友所安排的出逃或恳求赦免的建议,申辩自己所挚信的伦理准则,饮鸩而亡。

不要把你剩下的生命浪费在思考别人上。因为，当你有这种思想时，你就丧失了做别的事情的机会。这个人在做什么，为什么做，他说了什么，想了什么，争论了什么，注意所有这些事情将使我们忽略观察我们自己的支配力量。所以我们应当在我们的思想行进中抑制一切无目的和无价值的想法，以及大量好奇和恶意的情感；一个人应当仅仅使他想这样一些事，即当别人突然问："你现在想什么？"他都能完全坦白地直接回答，想这个或那个，并且从你的话里清楚地表明：你心中的一切都是朴实和仁爱的，都有利于一个社会动物，你是一个全然不关注快乐或感官享受的人，也没有敌意、嫉妒和疑心，或者有任何别的你说出来会感到脸红的念头。因为，一个毫不拖延地如此回答的人是属于最好的人之列，犹如神灵的一个使者，他也运用植入他内心的神性，那神性使他不受快乐的玷污，不受痛苦的伤害，不被任何结果接触，也不感受任何恶，是最高尚的战斗中的一个战士；他不被任何激情所压倒，深深渴望正义，满心欢喜地接受一切对他发生和作为他的份额分配给他的事物；他不是经常，但也不是无须为了普遍利益来考虑别人的言行和思想。由于唯一属于他的是他为自己的行为所做出的决定，他不断地思考什么是从事物的总体中分配给他的，怎样使自己的行为正直，说服自己相信分配给他的一份是好的。因为那分配给各人的命运是由各人把握的，命运也把握着他。他也记住每个理性动物都是他的同胞，记住关心所有人是符合人的本性的，一个人不应当听从所有人的意见，而只是听从那些明白地按照本性生活的人的意见。但是对于那些不如此生活的人，他总是记住他们在家是什么样的人，离家是什么样的人；白天是什么样的人，晚上是什么样的人；记住他们做什么工作，他们和什么人在一起过一种不纯洁的生活。相应地，他就一点也不看重来自这一类人的赞扬，因为这类人甚至对自己也是不满的。

3-5 不要不情愿地劳作，不要不尊重公共利益，不要不加以适当的考虑，不要分心，不要虚有学问的外表而丧失自己的思想，也不要成为喋喋不休或爱管闲事的人。而且，让你心中的神成为一个保护者、一个有生命的存在的保护者、一个介入政治的成熟的男子的保护者、一个罗马统治者的保护者。这个统治者像一个等待从生活中召唤他的信号的人一样接受了自己的职位，无须誓约也无须别人的证言。同时也欢乐吧，不寻求外在的帮助也不要别人给的安宁。这样，一个人就必然笔直地站立，而不是让别人扶着直立。

3-6 假如你在人类生活中发现什么比正义、真理、节制和坚忍更好的东西,一句话,发现比你自己心灵的自足更好的东西——这种自足能使你在非你选择而分派给你的条件下,按照正确的理性行事,我说,如果你看到了比这更好的东西,就以全部身心转向它,享受那你认为是最好的东西的快乐吧。然而,如果并没有什么东西比这更好,比培植在你心中的神性更好——它检视你所有的爱好,仔细考察你所有的印象,并像苏格拉底所说,使自身摆脱感官的诱惑,把自身交付给神灵并关心人类;如果你发现所有别的一切都不如它,比它价值要低,就不要给别的东西以地位吧,因为如果你一旦走上岔路、倾向于别的东西,你就将不再能够集中精力偏爱于那真正适合和属于你的善的事物了,因为,让任何别的东西——比方说众口称赞、权力或享受快乐——来同那在理性方面,在政治或实践中善的东西竞争是不对的。所有那些东西,即使它们看上去可以在加以限制的条件下使之适应于更好的事物,但它们会马上占据优势,把我们带走。所以我说,你要径直选择那更好的东西,并且坚持它——可是你说,有用的就是更好的。那么好,如果它对作为一个理性存在的你有用,就坚持它吧;但如果它只是对于作为一个动物的你有用,那就要拒绝它,不要自傲地坚持你的判断,而仅仅关心以一种确当的方法来探究。

3-7 不要把任何这样的事情评价为是对你有利的：即那些使你不守诺言、丧失自尊、憎恨他人、多疑、苛责、虚伪和欲望一切需要墙和幕的东西的事情，因为那更喜欢他自己的理性、神灵并崇拜神灵的人，他不扮演悲剧的角色，不呻吟，不需要独处或很多伙伴，最重要的是，他将在生活中不受死的诱惑也不逃避死亡，对于他的灵魂究竟在身体中寄寓多久，他是完全不关心的。因为，即便他必须马上离去，他亦将乐意地离去，就仿佛他要去做别的可以正派和体面地去做的事情一样；他在全部的生命中只关心这一点：他的思想不要离开那属于一个理智的人、属于一个公民团体的人的一切。

3-8 在进行磨炼和净化的一个人的心灵中，你不会发现任何腐朽、任何不法和任何愈合的伤口，当命运就像人们所说的使演员在剧终时离开舞台一样夺走他时，他的生命并非就因此是不完全的。此外，在他心中没有任何奴性，没有任何矫饰，他不是太紧地束缚于其他事物，同时又不是同它们分离，他无所指责，亦无所逃避。

3-9 要尊重产生意见的那种能力。在你的支配部分里是否存在着与理性动物的本性和气质不相容的意见，完全依赖于这种能力。这种能力将使你不致草率判断，使你对人友善，对神服从。

3-10 那么把所有的东西丢开,只执着于这很少数的事情吧;此外还要记住:每个人都生存在现在这个时间里,现在是一个不可分的点,而他生命的其他部分不是已经过去就是尚未确定。因此每个人生存的时间都是短暂的,他在地上居住的那个角落是狭小的,最长久的死后名声也是短暂的,甚至这名声也只是被可怜的一代代后人所延续,这些人也将很快死去,他们甚至于不知道自己,更不必说早已死去的人了。

3-11 为了加强上面所说的,让我们补充这一段:你对呈现于你的事物为自己下一定义或做一描述,以便清楚地从其实体、从其袒露、从其完整性来看看它是何种性质的事物,告诉你自己它适当的名称,以及组成它的各种事物(它以后将又分解为这些事物)的名称。因为没有什么比心灵的飞升更具有创造性,它能系统和真实地考察在生活中呈现于你面前的所有对象,总是凝视着事物以便同时看清这是一个什么性质的宇宙;万事万物在其中各起什么作用,相对于整体各有什么价值,相对于人又各有什么价值(人是至高之城的一个公民,所有其他的城都像是至高之城的下属);每一事物是什么,它由什么东西组成,现在给我印象的事物又能持续多久,我需要以什么德行对待它,比方说,文雅、果决、真诚、忠实、简朴、满足,等等。因此,一个人在任何环境中都应该说，这来自神，是按照命运之线配置和纺织，或按照巧合和机会这样一些东西而安排的；说这些事是来自与我同一根源的人，来自一个是我的同胞和伙伴然而却不知道什么事情合乎其本性的人。但是我作为知道什么事情是合乎本性的人，所以要根据同胞之情的自然法以仁爱和公正对待他们。而在同时，对这些我漠然置之的事物，我又要试图确定每一个的价值。

3-12 当你做摆在你面前的工作时，你要认真地遵循正确的理性，精力充沛，宁静致远，不分心于任何别的事情，而保持你神圣的部分纯净，仿佛你必定要直接把它归还似的；若你坚持这一点，无所欲求亦无所畏惧，满足于你现在合乎本性的活动，满足于你说出的每个词和音节中的勇敢真诚，你就能生存得幸福。没有任何人能阻止这一点。

3-13 就像医生总是要备好他们的器具和手术刀以待突然需要他们技艺的病人一样，你也要通过回忆那把神和人统一起来的契约而备有一些原则，用来理解神和人的事物，知道如何做一切甚至最小的事情。因为，若是你不同时参照神的事物，就不会把有关人的所有事情做好，反之亦然。

3-14 不要再随便地游荡，因为你将面临自己记忆力的衰退，不再能追忆古代罗马和希腊人的行为，也读不成你为自己晚年保存的书籍。那么抓紧你前面的最后一些日子，丢开无用的希望，来自己援助自己，如果你完全关心自己的话，而这是在你的力量范围之内的。

3-15 他们不知道有多少事情是通过词语的偷窃、播散和收买来进行的。保持宁静吧，考察应当做什么，因为这不受眼睛而是受另一种观照力的影响。

3-16 身体、灵魂、理智：感觉属于身体；爱好属于灵魂；原则属于理智。通过现象而得到形式的印象——这种能力甚至也为动物所拥有；被一连串的欲望所推动——这既属于野兽也属于把自己变成女人的男人，等于是一个法勒里斯[1]和一个尼禄[2]；拥有指导那看来合适的事物的理

---

[1] 法勒里斯（Phalaris，？—约前554），西西里的阿克拉加斯的僭主，以凶狠残暴而恶名昭彰，传说他嗜好残食婴儿。法勒里斯还常将活人放在铜牛里烧死以闻其声，诗人品达（Pindar）更以铜牛酷刑指代法勒里斯。另有一种观点认为法勒里斯是一个本性仁慈的君王，他大力支持哲学和文学的发展。

[2] 尼禄（Nero Claudius Drusus Germanicus,37—68），古罗马帝国皇帝，公元54年登基，初期统治尚称得上仁慈，是罗马史上最为繁荣兴旺的年代之一。自59年起尼禄开始变得残暴，乱杀平民，传言他是64年罗马城七日大火的元凶，他在火灾后嫁祸于基督徒，对基督徒施加迫害。尼禄极度奢侈和恐怖的统治激起了贵族、元老院及民众的不满。68年罗马发生叛乱，他被人民和元老院推翻后自杀。

智——这也属于那些不信神的人,那些背叛祖国、关起门来做坏事的人。那么,如果所有别的一切我刚提到的这些人都是共同的,还留下什么为善良的人们所独有呢?那就是对所有发生的事情,对为他而纺的命运之线感到满意和愉悦;就是不玷污和不以一堆形象搅乱植入他心中的神性,而是使它保持宁静,把它作为一个神而忠顺地服从它,绝不说任何违背真理的话,不做违背正义的事。即使所有别人都不相信他是过着一种简朴、谦虚和满足的生活,他也绝不对他们中的任何一个人感到愤怒,也不偏离那引到生命的终结的这条道路,循此一个人应当达到纯粹、宁静、乐意离去,没有任何强迫地完全安心于他的命运。

卷四　退隐心灵

4-1　那在我们心中的支配部分，当它合乎本性时是如此对待那发生的事情——使自己总是易于适应那已经存在和呈现于它的东西。因为它不要求任何确定的手段，而是在无论什么条件下都趋向于自己的目标；它甚至从与它对立的东西中为自己获得手段，就像火抓住落进火焰中的东西一样。爝火会被落在它上面的东西压熄，但当火势强大时，它很快就占有和吞噬了投在它上面的东西，借助于这些东西越烧越旺。

4-2　让任何行为都不要无目的地做出，也不要不根据完善的艺术原则做出。

4-3　人们寻求引退自身，他们隐居于乡村茅屋、山林海滨；你也倾向于渴望这些事情。但这完全是凡夫俗子的一个标记，因为无论什么时候你要退入自身你都可以这样做。因为一个人退到任何一个地方都不如退入自己的心灵更为宁静和更少苦恼，特别是当他在心里有这种思想的时候，通过考虑它们，他马上进入了完全的宁静。我坚持认为：宁静不过是心灵的井然有序。那么你不断地使自己做这种引退吧，更新你自己吧，让你的原则简单而又基本，这样，一旦你要诉诸它们，它们就足以完全地净化心灵，使你排除所有的不满而重返家园。那么，你是对什么不满呢？是对人们的邪恶不满吗？那就让你的心灵回忆起这一结论吧：理性的动物是互相依存的，忍受亦是正义的一部分，人们是不自觉地行恶的；考虑一下有多少人在相互敌视、怀疑、仇恨、战斗之后已经死去而化为灰烬，那就会终于使你安静下来。——但也许你是不满于从宇宙中分配给你的东西——那么转而回忆一下这一思想：想想要么是神存在，要么是原子，即事物的偶然配合存在；或者想想这些论据，它们证明了这个世界是一个政治社会，那最终会使你安静。——但也许有形的事物还是要抓住你——那么进一步考虑一下：当心灵一旦使自己与身体分开，发现了它自己的力量，它就不论是在平缓还是激烈的活动中，都不会使自己与呼吸相混；也再想想你在痛苦和快乐方面所有你听到的和同意的，那将最终使你安静。——但也许对于所谓名声的愿望将要折磨你——那么看一看一切事物是多么快地被忘却，看一看过去和未来的无限时间的混沌；看一看赞美的空洞，看一看那些装作给出赞扬的人们判断的多变和贫乏，以及赞扬所被限定的范围的狭隘，那么最终使你自己安静吧。因为整个地球是一个点,你居住的地方又是地球上一个多么小的角落啊,在它上面存在的东西是多么的少啊,而要赞扬你的人又是什么样的人呢?

那么仍旧把这牢记在心:记住退入你自身的小小疆域,尤其不要使你分心或紧张,而是保持自由,像一个人,一个人的存在,一个公民,一个有死者一样去看待事物。在你手边你容易碰到并注意的事物,让它们存在吧,那无非是这两种事物:一种是不接触心灵的事物,它们是外在的,不可改变的,但我们的烦仅来自内心的意见;另一种是所有这些事物,你看到它们是很快改变和消失的;始终牢记你已经目击过多少这样的变化。宇宙是流变,生活是意见。

4-4 如果我们的理智部分是共同的,就我们是理性的存在而言,那么,理性也是共同的,因此,那命令我们做什么和不做什么的理性就也是共同的;因此,就也有一个共同的法;我们就都是同一类公民;就都是某种政治团体的成员;这世界在某种意义上就是一个国家。因为有什么人会说整个人类是别的政治共同体的成员?正是从此,从这个共同的政治团体产生出我们真正的理智能力、推理能力和我们的法治能力,否则,它们是从哪里来的呢?因为,正像我身上属土的部分是从某种土给予我的,某种属水的部分是从另一种元素得来的,某种炎热如火的部分是从某一特殊源泉而来的（因为没有什么东西是来自无，也没有什么东西会复归于无），所以理性的部分也来自某种源泉。

4-5 死亡像生殖一样是自然的一个秘密，是同一些元素的组合与分解，而全然不是人应当羞愧的事情，因为它并不违反一个理性动物的本性，不违反我们的结构之理。

4-6 这些坏事应当由这样一些人做是自然的，这是一种必然的事情，如果一个人不允许这样，就等于不允许无花果树有汁液。但无论如何要把这牢记在心：你和他都要在一个很短的时间里死去，不久甚至连你的名字都要被人忘却。

4-7 丢开你的意见，那么你就丢开了这种抱怨："我受到了伤害。"而丢开"我受到了伤害"的抱怨，这伤害也就消失了。

4-8 那并不会使一个人变坏的东西，也不会使他的生活变坏，不会从外部或内部损伤他。

4-9 那普遍有用的东西的本性不得不如此行。

4-10 把一切发生的事情都看作是正当地发生的事情，如果仔细地观察，你将发现它就是这样。我在此不仅是指事物系列的连续性，而且指正当本身，仿佛它是由一个分派给每一事物以价值的人所做的。那么像你开始时那样观察,无论你做什么,都参照着善,参照着你将在此意义上被理解为是善的来做它,在一切行动中都贯彻这一点。

4-11　不要对事物抱一种那错待你的人所抱的同样意见,或者抱一种他希望你有的意见,而是要按其本来面目看待事物。

4-12　一个人应当总是把这两条规则作为座右铭:一是仅仅做那支配的和立法的理性能力所建议的有关对待人们利益的事情;另一是如果身边有什么人使你正确和使你摆脱意见,那就改变你的意见。但这种意见的改变必须仅仅来自某种说服,就像对于何为公正或何为合乎共同利益之类问题的说服一样,而不是由于它看来令人愉快或带来名声。

4-13　你有理性吗?我有。那为什么你不运用它呢?是因为当它要你走这条路,你却希望别的东西吗?

4-14　你是作为一个部分存在。你将消失于那产生你的东西之中;但更确切地说,你将通过变形而被收回到它的生殖原则中。

4-15　在同一祭坛上的大量乳香:一滴是先前落下的,一滴是后来落下的;而这并不使它们有何区别。

4-16　如果你回到你的原则并崇敬理性的话,过十天你对人们就会像是一个神,而现在你对他们却像是一头兽和一只猿。

4-17 不要像仿佛你将活一千年那样行动。死亡窥伺着你。当你活着,当善是在你力量范围之内,你行善吧。

4-18 那不去探究他的邻人说什么、做什么或想什么,而只注意他自己所做的,注意那公正和纯洁的事情的人,或者像厄加刺翁[1]所说,那不环顾别人的道德堕落,而只是沿着正直的道路前进的人,为自己免去了多少烦恼啊!

4-19 那对身后的名声有一强烈欲望的人没有想到那些回忆他的人自己很快也都要死去,然后他们的子孙也要死去,直到全部的记忆都通过那些愚蠢的崇拜和死去的人们而终归湮灭无闻。但假设那些将记住他的人甚至是永生不死的,因而这记忆将是永恒的,那么这对你又意味着什么呢?我不说这对死者意味着什么,而是说这对生者意味着什么。赞扬,除非它的确有某种用途,此外还是什么呢?由于你现在不合宜地拒绝了自然的这一礼物,而依附

---

[1] 厄加刺翁(Agathon,前448—前400),雅典著名的悲剧诗人,与悲剧诗人欧里庇得斯(Euripides)共享文坛盛名,也和柏拉图交情甚笃。他曾出现在喜剧之父阿里斯托芬(Aristophanes,前447—前385)的剧作《雅典人在妇女节》中,而柏拉图的名作《会饮篇》就是以厄加刺翁的第一部悲剧获奖为前提而开篇的。厄加刺翁对希腊戏剧做了诸多革新,在戏剧创作中借鉴了许多神话传说。

于别的一些事物……

4-20 在各方面都美的一切事物本身就是美的,其美是归于自身的,而不把赞扬作为它的一部分。因此被赞扬就不会使一个事物变好或变坏。我坚信这也适用于被平民称为美的事物,例如,物质的东西或艺术的作品。那真正美的东西除了法则、真理、仁爱或节制之外,不需要任何别的东西。而这些事物哪一个的美是因为它被赞扬才美,或者谴责会使它变丑呢?像祖母绿或者黄金、象牙、紫袍、七弦琴、短剑、鲜花和树丛这样的东西,难道没受到赞扬就会使它们变坏吗?

4-21 如果灵魂继续存在,大气怎么无穷地容纳它们呢?——然而大地又怎样容纳那些古往今来被埋葬的人的尸体呢?在此正像这些尸体在保持一段时间之后变化一样,不论它们变成什么样子,它们的分解都为别的尸体腾出了空间,那移入空气中的灵魂也是如此,在继续生存一段时间之后便被改变和分解了,通过融入宇宙的一种再生的智慧而获得一种如火焰一样的性质,以这种方式为到达那里的具肉的灵魂腾出地方。这就是一个人对灵魂继续存在的这种假设可能给出的回答。但是我们不仅必须考虑如此被埋葬的尸体的数目,而且要考虑每天被我们吃掉的动物以及别的肉食动物的数目。因为,被消费的是多大一个数目啊,这样,它们就以某种方式被埋葬在那些以它们为食的人的身体中!不过大地依然通过把身体化为血、化为如空气或火焰一般的元素而接受它们。

在这件事上怎样探究才能接触到真理呢?通过划分质料因和形式因。[1]

4-22 不要思绪纷乱,而是在每个行动中都尊重正义,对每一印象都坚持运用领悟或理解的能力。

4-23 啊,宇宙,一切与你和谐的东西,也与我和谐。那于你是恰如其时的一切事情,对我也是恰如其时。啊,自然,你的季节所带来的一切,于我都是果实:所有事物都是从你而来,都复归于你。诗人说,亲爱的西克洛普之城[2];我不是也要说,亲爱的宙斯之城?

4-24 哲学家[3]说,如果你愿意宁静,那就请从事很

---

[1] 质料因和形式因是来自亚里士多德的概念。亚里士多德认为事物存在四种原因:形式因、目的因、质料因、动力因。质料是潜能,即变为某物的能力。质料是没有规定的,它能够被形式所规定,这时,它就变为现实。
[2] 西克洛普之城,指雅典。西克洛普(Cecrops)是神话传说中雅典的创建者及第一任国王。"Cecrops"意即半人面半蛇身,传说中他来自大地,其上半为人,下半为蛇。据说他统治雅典的时间是公元前1556—前1506年。他还是雅典文明的缔造者,为雅典人制定了婚丧嫁娶的礼仪,教会他们阅读和书写。
[3] 这里的哲学家大概是指德谟克利特,他说过类似的话。

少的事情。但是想一想是否这样说更好：做必要的事情，以及本性合群的动物的理性所要求的一切事情，并且像所要求的那样做。因为这不仅带来由于做事适当而产生的宁静，而且带来由于做很少的事而产生的宁静。因为我们所说和所做的绝大部分事情都是不必要的，一个人如果取消它们，他将有更多的闲暇和较少的不适。因而一个人每做一件事都应当问问自己：这是不是一件必要的事情？一个人不仅应该取消不必要的行为，而且应该丢弃不必要的思想，这样，无聊的行为就不会跟着来了。

4-25 试着如何使善良的人的生活适应于你，即这样的人的生活：他满足于他从整体中得到的一份，满足于他自己的公正行为和仁爱品质。

4-26 你见过那些事情吗？也要注意观察一下事情的另一面。不要扰乱你自己。要使你十分单纯。有什么人对你行恶吗？那他也是对他自己行恶。有什么事对你发生吗？好，那亘古以来就从宇宙中发生的一切是分配给你和为你纺织的。总之，你的生命是短促的。你必须借助理智和正义而专注于利用现在，在你的放松中保持清醒。

4-27 这要么是一个秩序井然的宇宙，要么是一团胡乱聚在一起的混沌，但仍然是一个宇宙。但怎么可能在大全中无秩序，而在你之中却存在某种秩序呢？当所有事物都如此分离、分散却仍互相关联时，在你之中也保持某种秩序。

4-28 一种凶恶的品格，一种懦弱的品格，一种顽固的品格，残忍的、稚气的、兽性的、笨拙的、虚伪的、下流的、欺诈的、专横的。

4-29 如果他对宇宙是一个不知道其中有什么的局外人，那么他也是一个不知道其中在进行什么的局外人。他是一个回避社会理性的逃亡者，是一个关闭理解之门的盲人，是一个需要别人而非从自身中汲取对生活有用的所有东西的可怜虫。他是宇宙间的一个赘物，通过不满于发生的事情使自己撤离和分隔于我们共同本性的理性，因为正是同一本性产生了这些事情，也产生了他：他是从国家裂出的一块碎片，使自己的灵魂同那融为一体的各个理性动物的灵魂分开。

4-30 一个是没有一件紧身外衣的哲学家，另一个是没有一本书的人，这后一种人也是一个半裸的人。他说，我没有面包，我与理性同在。——我不从我的学识中获取衣食，我与我的理性同在。

4-31 热爱你所学的艺术吧，不管它可能是多么贫乏，满足于它，像一个以他整个的身心、全部的所有信赖神的人一样度过你的余生，使你自己不成为任何人的暴君也不成为任何人的奴隶。

4-32 考虑一下例如维斯佩申[1]的时代,你将看到所有这些事情:人们婚育、生病、死亡、交战、饮宴、贸易、耕种、奉承、自大、多疑、阴谋、诅咒、抱怨、恋爱、聚财、欲求元老和王者的权力。而这些人的生活现在已全然不复存在了。再回到图拉真[2]的时代,所有的情况也是一样,他们的生命也已逝去。也以同样的方式观察一下别的时代和整个民族,看看有多少人在巨大的努力之后很快就倒下了,分解为元素。但是你应当主要想想那些你自己熟知的人们,他们使自己分心于无益的事情,而不知道做合乎他们恰当的结构的事情,由此你坚定地坚持自己的结构,满足于它。在此有必要记住,给予一切事物的注意,有它自己恰当的价值和比例。因为这样你将不会不满足,只要你不过度地使自己注意小事。

4-33 先前熟悉的词现在被废弃了,同样,那些过去名声煊赫的人的名字现在也在某种程度上被忘却了,

---

[1] 维斯佩申(Vespasian,9—79),第9任罗马帝国皇帝。
[2] 图拉真(Trajan,53—117),第13任罗马帝国皇帝。

克米勒斯[1]、恺撒[2]、沃勒塞斯[3]、利奥拉图斯[4]以及稍后的西皮奥[5]、加图[6]，然后是奥古斯都[7]，还有哈德

---

[1] 克米勒斯（Marcus Furius Camillus，前446—前365），罗马共和国早期著名的独裁者和军事家，出身贵族。根据罗马历史学家李维（Livy）和普鲁塔克的记载，他曾于公元前390年前后挽救罗马于危亡，击败高卢人，一生中五度出任独裁官，取得过四次辉煌胜利，被尊为罗马第二位祖国之父（第一位是传说中罗马城的建立者罗慕格）。

[2] 可能是指恺撒（Caeso Quinctius），曾任罗马执政官和独裁者的卢修斯·奎克提斯·辛西纳提斯（Lucius Quinctius Cincinnatus，约前519—前430）之子，他以雄辩而著称。由于在辩论中抨击贵族，他被判以极刑，后逃至埃特鲁斯坎。

[3] 沃勒塞斯（L.Valerius Messalla Volesus），罗马帝国时期曾任执政官。

[4] 利奥拉图斯（Leonnatus，前356—前322），亚历山大大帝时期杰出的军事指挥官，曾参与亚历山大去世后的继承人战争。他与亚历山大同岁，关系亲密，是亚历山大的七护卫之一。亚历山大死后，他被其临时继承人帕迪卡斯（Perdiccas，前320年5—6月逝世）任命为赫勒斯庞提安-佛里吉亚总督。

[5] 古罗马史上有几位著名的西皮奥（Scipio），均来自名将世家。一是普布里乌斯·科涅利乌斯·西皮奥（Publius Cornelius Scipio，前236—前183），史书上一般称"大西皮奥"，在第二次迦太基战争中战胜了汉尼拔（Hannibal），为自己赢得了美名"非洲的征服者西皮奥"（Scipio Africanus）；二是大西皮奥的弟弟卢修斯·西皮奥，统兵击败了叙利亚的安条克三世，被称为"亚洲的征服者"（Scipio Asiaticus）；三是大西皮奥的继孙，在第三次迦太基战争中，指挥罗马军团最终将迦太基城夷为平地。此处指的可能是大西皮奥。

[6] 加图，参见卷1-14注。

[7] 奥古斯都（Augustus，前63—公元14），原名盖耶斯·尤利乌斯·恺撒·屋大维（Gaius Julius Caesar Octavianus），是恺撒大帝的养子和继承人，曾任终身保民官、大元帅，是罗马帝国的开国君主，统治罗马长达43年，为罗马帝国创造了一段和平繁荣的辉煌时期。历史学家通常以其尊衔"奥古斯都"来称呼他。

良[1]和安东尼。因为所有的事情很快就过去了，变成仅仅一种传说，完全的忘记亦不久就要覆盖它们。我说的这些也适用于那些以各种奇异的方式引人注目的人，至于其余的人，一旦他们呼出了最后一口气，他们就死去了，没有人说起他们。总而言之，甚至一种永恒的纪念又是什么呢？只是一个虚无。那么，我们真正应该做出认真努力的是什么呢？

4-34 自愿地把自己交给克罗托，命运三女神[2]之一，让她随其所愿地把你的线纺成无论什么东西吧。

4-35 一切都只是持续一天，那记忆者和那被记忆的东西。

4-36 不断地观察所有在变化中被取代的事物，使你习惯于考虑到，宇宙的本性喜欢改变那存在的事物并创造新的类似事物。因为一切现存的东西在某种意义都是那将

---

[1] 哈德良（Publius Aelius Traianus Hadrianus，76—138），罗马帝国皇帝（117—138年在位），是图拉真的表侄，在图拉真弥留之际被确立为继承人。他也是一名斯多亚和伊壁鸠鲁派的哲学家，是罗马"五贤帝"中的第三位，在位期间将罗马帝国的版图扩张至东方，令罗马帝国盛极一时。哈德良认安东尼为养子，条件是后者同样认奥勒留和维勒斯为养子，从而为帝国确立了两代皇帝。
[2] 命运三女神所司之职为：克罗托执掌纺绩命运的线；拉刻西斯分配命运之线的长短、掌握命运的盛衰荣枯；阿特罗波斯负责切断人的生命之线。

要存在的东西的种子。但你要仅仅考虑那撒在大地里或子宫里的种子,但这是一个很模糊的概念。

4-37 你已不久于人世,但还没有使自己朴素单纯,摆脱烦恼,还没有摆脱对被外在事物损害的怀疑,还没有养成和善地对待所有人的性情,还没有做到使你的智慧仅仅用于正直的行动。

4-38 考察人们心中的支配部分,甚至那些聪明人的这一部分,看看他们避开什么,追求什么。

4-39 对你是恶的东西并不存在于别人的支配原则之中,也不存在于你的身体的变化和变形之中。那它在什么地方呢?是在你的这一部分。那儿存在着形成有关恶的意见的能力。那么让这种能力不要形成这种意见,一切就都会正常。如果那最接近于它的可怜的身体被割破、灼伤、化脓和腐烂,也还是要让那形成对这些事的意见的部分保持安静,亦即让它做出这样的判断:能同等地发生于好人和坏人的事情绝不是恶。因为,同样发生于违背自然而生活的人与按照自然而生活的人的事情,既不有悖于也不顺应于自然。

4-40 永远把宇宙看作一个活的东西,具有一个实体和一个灵魂;注意一切事物如何与知觉相关联,与一个活着的东西的知觉相关联;一切事物如何以一种运动的方式活动着；一切事物如何是一切存在的事物的合作的原因；也要注意那连续不断的纺线和网的各部分的相互关联。

4-41 你是一个带躯体的小小灵魂，正像爱比克泰德常说的那样。

4-42 事物经历变化并不是坏事，而事物由于变化而保持其存在也不是好事。

4-43 时间好像一条由发生的各种事件构成的河流，而且是一条湍急的河流，因为刚刚看见了一个事物，它就被带走了，而另一个事物又来代替它，而这个也将被带走。

4-44 每一件发生的事情都像春天的玫瑰和秋天的果实一样亲切并且为人熟知，因为疾病、死亡、诽谤、背叛以及任何别的使愚蠢的人喜欢或烦恼的事情就是这样。

4-45 在事物的系列中，跟在后面的总是与在前面的那些恰恰配合，因为这系列并不像一些无关联的事物的单纯列举，只有必然的次序，而是一种合理的联系：正如一切存在的事物都被和谐地安排在一起一样，新出现的事物不仅表现出继续，并且表现出某种奇妙的联系。

4-46 始终记住赫拉克利特所说：土死变水，水死变气，气死变火，然后再倒过来。也想想那忘记了路向何处去的人，想想他们与他们最常接触的人的争吵，想想支配宇宙的理性，以及每日发生的似乎对他们是陌生的事情；

考虑我们不应当像仿佛我们睡着一般行动和言语（因为甚至在睡眠时我们也有言行）；我们不应当像从父母学习的孩子一样，仅仅因为我们被教诲而这样行动和言语。

4-47 如果有神告诉你，你将明天死去，或肯定在后天死去，你将不会太关心是明天还是后天，除非你确实是精神极其贫乏，因为这差别是多么微小啊！所以，不要把按你提出的许多年后死去而非明天死去看成什么大事。

4-48 不断地想这些事：有多少医生在频繁地对病人皱拢眉头之后死去；有多少占星家在提前很久预告了别人的死亡之后死去；又有多少哲学家在不断地讨论死亡或不朽之后死去；多少英雄在杀了成千上万人之后死去；多少暴君，仿佛他们是不死的一样，在以可怕的蛮横手段使用他们对于人们生命的权力之后死去；又有多少城市，比如赫利斯[1]、庞贝[2]、赫库莱尼恩[3]以及别的不可计数的城市被完全毁灭。再把你知道的所有人一个接一个地加在这上

---

[1] 赫利斯（Helice），古代城市，亚该亚（Achaia，希腊伯罗奔尼撒半岛北部古省）的首都，于公元前373年毁于地震。
[2] 庞贝（Pompeii），与维苏威火山（Mount Vesuvius）相邻，于公元79年毁于火山爆发。
[3] 赫库莱尼恩（Herculaneum），毗邻维苏威火山，于公元79年毁于火山爆发。

面,一个人在埋葬了别人之后死了,另一个人又埋葬了他:所有这些都是发生在一段不长的时间里。总之,要始终注意属人的事物是多么短暂易逝和没有价值,昨天是一点点黏液的东西,明天就将成为木乃伊或灰尘。那么就请自然地通过这一小段时间,满意地结束你的旅行,就像一颗橄榄成熟时掉落一样,感激产生它的自然,谢谢它生于其上的树木。

4-49 要像峙立于不断拍打的巨浪之前的礁石,它岿然不动,驯服着它周围海浪的狂暴。

我是不幸的,因为这事对我发生了。——不要这样,而是想我是幸福的,虽然这件事发生了,因为我对痛苦始终保持着自由,不为现在或将来的恐惧所压倒。因为像这样的一种事可能对每一个人发生,但不是每一个人在这种场合都始终使自己免于痛苦。那么为什么不是一件幸事而是一个不幸对我发生呢?你在所有情况下都把那并不偏离人的本性的东西称为一个人的不幸吗?一个事物,当它并不违反人的本性的意志时,你会把它看成对人的本性的偏离吗?好,你知道本性的意志,那这发生的事情将阻止你做一个正直、高尚、节制、明智和不受轻率的意见和错误影响的人吗?难道它将阻止你拥有节制、自由和别的一切好品质吗?人的本性正是在这些品质中获得所有属于它自己的东西。记住在任何可能使你烦恼的场合都采用这一原则：这并非是一个不幸，而高贵地忍受它却是一个幸运。

4-50 通过重温那些紧紧抓住生命的人，对于蔑视死亡来说是一个通俗却仍不失为有用的帮助。他们比那些早死的人获得了更多的东西吗？他们肯定最终仍得躺在什么地方的坟墓里。费比厄斯[1]、克迪斯亚卢斯、朱利安卢斯[2]、莱皮德斯[3]或任何类似于他们的人，他们埋葬了许多人，然后是自己被埋葬。总之，生与死之间的距离是很短的，仔细想一下吧，生命是带着多少苦恼，伴随着什么样的人，寄寓于多么软弱的身体而艰难地走过这一距离的，那么就不要把寿命看作一件很有价值的东西，看一看在你

---

[1] 费比厄斯（Fabius），可能是马库斯·费比厄斯（Marcus Fabius），公元前373年任罗马护民官。
[2] 克迪斯亚卢斯和朱利安卢斯不知为何人。
[3] 莱皮德斯（Lepidus），可能是马库斯·埃米列斯·莱皮德斯（Marcus Aemilius Lepidus），罗马执政官、大祭司和监察官，他曾于公元前191年担任西西里（Sicily）的统治者，于公元前187年被选为执政官。他和他的同僚该乌斯·弗拉米尼乌斯（Gaius Flaminius）征服了利古里亚人（Ligurians）。公元前180年之前他任大祭司，自公元前179年开始进入元老院，同年被选为监察官。公元前175年二度出任执政官。公元前187年他监督了至今仍在使用的意大利北部最为重要的通道之一——自皮里琴察（Piacenza）到里米尼（Rimini）的罗马道路的修建。他建立了罗马的殖民地，帕尔马（Parma）和莫德纳（Modena），并以其名字为罗马兵营命名（Regium Lepidi）。

之后的无限时间,再看看在你之前的无限时间,在这种无限面前,活三天和活三代之间有什么差别呢?

4-51 总是走直路,直路是自然的,相应地说和做一切符合健全理性的事情。因为这样一个目标使一个人摆脱苦恼、战争及所有的诡计和炫耀。

卷五　恪尽职守

5-1 早晨当你不情愿地起床时，让这一思想出现——我正起来去做一个人的工作。如果我是要去做我因此而存在、因此而被带入这一世界的工作，那么我有什么不满意呢？难道我是为了躲在温暖的被窝里睡眠而生的吗？——但这是较愉快的。——那你的存在是为了获取快乐，而全然不是为了行动和尽力吗？你没有看到小小的植物、小鸟、蚂蚁、蜘蛛、蜜蜂都在一起工作，从而有条不紊地尽它们在宇宙中的职分吗？你不愿做一个人的工作，不赶快做那合乎你本性的事吗？——但休息也是必要的。——休息是必要的，但自然也为其确定了界限，它为吃喝规定了界限，但你还是越过了这些限制，超出了足够的范围；而你的行动却不是这样，在还没有做你能做的之前就停止了。所以你不爱你自己，因为，如果你爱，你就将爱你的本性及其意志。那些热爱他们各自技艺的人都在工作中忙得筋疲力尽，他们没有洗浴，没有进食；而你对你的本性的尊重甚至还不如杂耍艺人尊重杂耍技艺、舞蹈家尊重舞蹈技艺、聚财者尊重他的金钱,或者虚荣者尊重他小小的光荣。这些人,当他们对一件事怀有一种强烈的爱好时,宁肯不吃不睡也要完善他们所关心的事情。而在你的眼里,难道有益于社会的行为是讨厌的,竟不值得你劳作吗?

5-2 这是多么容易啊:抵制和清除一切令人苦恼或不适当的印象,迅速进入完全的宁静。

5-3 判断每一符合你本性的言行,不要受来自任何人的谴责或话语的影响,而如果做或说一件事是好的,不要把它想成对你是无价值的。因为那些人有他们特殊的指导原则,遵循着他们特殊的活动,你不要重视那些事情,而是直接前进,遵从你自己的本性和共同的本性,遵循两者合而为一的道路。

5-4 我按照本性经历所发生的事情,直到我倒下安息,直到我呼出的气息化为我每日吸入的那种元素,直到我倒在这块大地上——我的父亲从它收集种子,我的母亲从它获得血液,我的奶妈从它吸取奶汁,在许多年里我从它得到吃和饮的供应;当我践踏它,为许多的目的滥用它时,它默默地承受着我。

5-5 你说,人们不能欣赏你的机智——就算是这样,但也有许多别的事情是你不能这样说的,有许多事情是我先天不适合的。那么展示那些完全在你力量范围内的品质吧：真诚、严肃、忍受劳作、厌恶快乐、满足于你的份额和很少的事物、仁慈、坦白、不爱多余之物、免除轻率的慷慨。你没有看到你马上能展示多少品质吗？那些品质都是你没有借口说是天生无能或不适合的，你还愿意使自己保留在标准之下吗？难道你是先天就不健全以致不能不抱怨、吝啬、谄媚、不满于你可怜的身体、试图取悦于人、出风头和内心紧张不安吗？不，的确，你本来可以早就从这些事情中解脱出来了，除非你的理解力的确天生就相当迟钝和麻木，但你也必须在这方面训练自己，不忽视它也不以你的迟钝为乐。

5-6 有一个人，当他为另一个人做了一件好事，就准备把它作为一种施惠记到他的账上；还有一个人不准备这样做，但还是在心里把这个人看作他的受惠者，而且他记着他做了的事情；第三个人在某种程度上甚至不知道他所做的，他就像一株结出葡萄的葡萄藤一样，在它一旦结出它应有的果实以后就不寻求更多的东西。一匹马在它奔跑后，一只狗在它追猎后，一只蜜蜂在它酿蜜后也是这样，所以一个人在他做了一件好事之后，也不应要求别人来看，而是继续做另一件好事，正像一株葡萄藤在下一个季节继续结果一样。——那么一个人必须以某种方式如此行动且不注意它吗？——是的。——但这也是必要的，即观察一个人正在做的事情。因为，可以说，察知他正以一种有益社会的方式工作，并的确希望他的社会同伴也察知他是社会动物特征。——你说的对，但你并没有理解现在所说的：因此你将成为我前面说过的那些人中的一个，因为甚至他们也因理性的某种展示而误入歧途。但如果你愿意理解现在所说的话的意义，就不要害怕你将因此而忽略任何有益社会的行为。

5-7 雅典人中的一个祈祷是：降雨吧，降雨吧，亲爱的宙斯，使雨降落到雅典人耕过的土地上，降落到平原上。——我们确实不应当祈祷，不然就应以这种简单和高贵的方式祈祷。

5-8 正像我们一定理解这样的话：埃斯库拉普[1]给这个人开药方，让他练骑马或洗冷水浴或赤足走路。同样我们也一定理解这样的话：宇宙的本性给这个人开药方，让他生病、损折肢体、丧失或发生别的这类事情。因为在前一种情况里，开药方的意思是这样的，他为这个人开的药方是作为适于获得健康的东西；在后一种情况里它的意思

---

[1] 埃斯库拉普（Aesculapius），古希腊神话中专司医药和治疗的神。他的几个女儿分别掌管清洁、医药、康复等力量。

则是：对每个人发生（或适合于他）的事情，都是以某种方式为他确定的，是与他的命运相适应的。因为这就是我们所谓的事情对我们合适，正像工匠把石头相互适合地联结起来时，说墙壁上或金字塔里的方块石头合适一样。因为这整个就是一个适合、和谐。正如宇宙之成为这样的一个物体，乃是由所有个别的物体构成的，同样，必然性（命运）之成为这样一个原因，乃是由于所有的实在的个别原因造成。甚至那些完全无知的人也了解我的意思，因为他们说：它（必然性、命令）给这样一个人带来这样的事情。——那么，就是这件事带给了他，这件事作为药方开给了他。那么，我们就连同埃斯库拉普的药方，接受这些事情吧！在他的药方中当然也有许多并不一致，但由于希望健康，我们都接受了。各样事情的完满与成就——这种为共同的本性断定是好的东西，你也把它断定为与你的健康属于同类的吧！要接受每一件发生的事情，即使它看来不一致，因为它导致宇宙的健康与宙斯（宇宙）的成功和幸福。因为宙斯带给任何人的，如果不是对整体有用，就不会带给他了。不论是什么东西，它的本性都不会引起任何与它所支配的东西不相合的事情。因此，你有两个理由应该满足于对你发生的事情：第一，因为它是为你而做的，是给你开的药方，并且在某种程度上它对你的关联是源于与你的命运交织在一起的那些最古老的原因；第二，因为即使那个别地降临于每个人的、对于支配宇宙的力量来说也是一种幸福和完满的原因，甚至于就是它继续存在的原因。如果你从各个部分或各个原因的联结与继续中间打断任何事情，整体的完整就被破坏了。而当你不满意并且以某种方式企图消灭什么事物时，你确是力所能及地把它打断了。

5-9 如果你根据正确的原则没有做成一切事时，不要厌恶，不要沮丧，也不要不满；而是在你失败时又再回去从头做起，只要你所做的较大部分事情符合于人的本性，就满足了。热爱你所回到的家园，但不要回到哲学，仿佛她是一个主人，而是行动得仿佛那些眼疼的人用一点海绵和蛋清，或者像另一个人用一块膏药，或用水浸洗一样。因为这样你将不在遵守理性方面失败，你将在它那里得到安宁。记住，哲学仅要求你的本性所要求的事情，而你却有那不符合本性的别的什么东西。——你可能反对说，为什么那件事比你正做的这件事更使人愉悦呢？——但这不正是因为快乐在欺骗我们吗？再考虑是否慷慨、自由、朴素、镇静、虔诚，不更令人愉悦？当你想到那依赖于理解和认识能力的一切事物的有保障和幸福的过程，有什么比智慧本身更令人愉悦呢？

5-10 事物是在如此一种包围之中,以致在哲学家们(不是少数的也不是那些普通的哲学家)看来是完全不可理解的,甚至对斯多亚派[1]哲学家本身来说也是难于理解的。所有我们的同意都在变动不居之中,从不改变的人哪儿有呢?那么把你的思想带到对象本身,考虑它们的存在是多么短促而无价值吧,它们可能是为一个卑鄙的可怜虫,或一个娼妓、一个强盗所占有。然后再想想那些和你生活在一起的人们的道德水平,即使容忍他们中最令人愉悦的人也是几乎不可能的,更不必说容忍一个几乎不能容忍自己的人了。那么在如此的黑暗和肮脏中,在如此不断流动的实体和时间、运动和被推动的物体的急流中,有什么值得高度赞扬甚或值得认真追求的对象呢?我想象不出有这样的对象。反之,顺应自身,等待自然的分解,不为延缓而

---

[1] 斯多亚派哲学的创始人是基提翁的芝诺(前340—前265),因为他通常在雅典集市的画廊柱下讲学,所以这一学派又被称为画廊学派。其后的主要首领,依次是克莱安西斯、克利西波斯等,罗马时代的是后期斯多亚派,其代表人物有塞内加、被尼禄皇帝释放的奴隶爱比克泰德,直到本书的作者奥勒留。
斯多亚派认为美德是世界的内在特点,它和人的牢固关系,正如自然规律和人的关系一样。所以,人的目标就是要按照自然去生活,以期与世界的设计相一致。斯多亚派总是鼓励人们参与人类事业,相信一切哲学探究的目的都在于给人提供一种以心灵的平静和坚信道德价值为特点的行为方式。

烦恼，却是一个人的义务，但仅仅使你在这些原则中得到安宁吧：一是对我发生的一切事情都是符合宇宙的本性的；二是决不违反我身外和身内的神而行动是在我的力量范围之内，因为没有人将迫使我违反。

5-11 我现在要把我自己的灵魂用于什么事情上呢？在任何场合我都必须问自己这个问题，我在我的这一被称为支配原则的部分中拥有什么呢？我现在拥有谁的灵魂呢？是一个孩子的灵魂？抑或一个年轻人、一个软弱的妇人、一个暴君、一个家畜、一个野兽的灵魂？

5-12 我们甚至可以从这个问题学习——那些在许多人看来是好的事物是一种什么样的事物呢？因为，如果有人把诸如明智、节制、正义、坚定这样一些事情视作真正好的，他在首先抱有这种认识之后就将不耐烦听任何与真正好的东西相抵牾的事情。但如果一个人首先把那多数人认为好的东西理解为好的，那么他就可能把喜剧作家所说的东西作为真正适合的东西来倾听并欣然接受。这样，甚至多数人也觉出这差别。因为如果不是这样，当我们听到有关财富、有关促进奢侈和名声的手段的巧妙和机智的说法时，就不会觉得刺耳也不会从一开始就加以拒绝了。那么，接着问问我们自己，你是否重视这些事物，是否认为它们是好的？是否在心里抱有对它们的既定看法之后，喜剧作家的话还可以恰当地应用于它们——那占有它们的人，由于纯粹的富足却没有办法使自己得到安宁。

5-13 我是由形式和质料组成的，它们都不会消逝为非存在，正像它们都不可能由非存在变为存在一样。那么我的每一部分就都将被变化带回到宇宙的某一部分，并将再变为宇宙的另一部分，如此永远生生不息。我也是通过这样一种变化的结果而存在，那些生我的人也是，如此可以按另一方向永远追溯下去。因为没有什么使我不这样说，即使宇宙是根据无数变革的时代所管理的。

5-14 理智和推理艺术（哲学）对于它们自身和自身的工作是一种自足的力量。它们是从一个属于它们自己的第一原则启动的，它们开辟它们的道路直到那规定给它们的终点，这就是为什么这种活动被称为正确活动的原因，这个词表示它们是沿着正确的道路行进的。

5-15 这些事物绝不应当被称为是一个人的东西，它们不属于一个作为人的人。它们不需要人，人的本性也不允诺产生它们，它们也不是人的本性达到其目的的手段。因而人的目的并不在这些事物之中，那有助于达到这一目的的东西也不在这些事物之中，帮助对准这一目的的东西就是那好的东西。此外，如果这些事物中有什么确属于人，一个人轻视和反对它们就是不对的，那表现出他不想要这些事物的人也就不值得赞扬,如果这些事物的确是好的,那么不介入它们的人也就不是好的。但是现在,一个人使自己丧失这些事物或类似事物愈多,甚至他被剥夺这些事物,他倒愈能耐心地忍受这损失,并在同样的程度上是一个更好的人。

5-16 你惯常的思想要像这样,你心灵的品格也要是这样,因为灵魂是由思想来染色的。那么用一系列这样的思想染你的灵魂:例如,在一个人能够生存的地方,他也能在那里生活得很好。他必须住在一个宫殿里吗?那好,他在一个宫殿中也能生活得很好。再考虑每一事物无论是为了什么目的构成的,它的构成都是为着这一目的的,它都被带往这一目的;它的目的是朝着它被带往的方向的,在那目的所在的地方,也存在着每一事物的利益和善。那么理性动物的善就在于社会,因为我们是为社会而造的,这已在前面说明过了[1]。低等的东西是为高等的东西存在的,这不是很明白吗?而有生命的存在都是优越于无生命的存在的,而在有生命的存在里最优越的又是那有理性的存在。

---

[1] "这已在前面说明过了",参考前面的卷 2-1。

5-17 寻求不可能的事情是一种发疯,而恶人不做这种事情是不可能的。

5-18 没有什么事情是一个人天性不可忍受的事情。同样的事情发生于另一个人,或是因为他没看到它们的发生,或是因为他表现出一种伟大的精神而使他保持坚定和不受伤害。那么无知和欺瞒竟然强过智慧就是一种羞愧。

5-19 事物本身不接触灵魂,甚至在最低程度上也不;它们也没有容纳灵魂之处,不能扭转或推动灵魂,灵魂仅仅转向和推动自身,做出一切它认为适合的判断,这些判断是它为自己做出的对呈现于它的事物的判断。

5-20 就我必须对人们行善和忍受他们而言,在这方面人是最接近我的存在。但就一些人对我的恰当行为形成障碍时,人对我就变成了那些中性的事物之一,不亚于太阳、风或一头兽。确实,这些人可能阻碍我的行动,但他们并不阻碍我的感情和气质,而这些感情和气质具有限定和改变行为的力量。由于心灵把每一障碍扭转为对它活动的一个援助,以致那是一个障碍的东西变成对一个行为的推进,那是一道路上屏障的东西却帮助我们在这条路上行进。

5-21 尊重那宇宙中最好的东西,这就是利用和指引所有事物的东西。同样,也要尊重你自身中最好的东西,它具有跟上面所说的同样的性质。因为那利用别的一切事物的东西也在你自身中,你的生活受它指导。

5-22 那不损害国家的事情,也不会损害公民。对所有看来是损害的现象都来应用这一规则:如果国家不受其损害,那我也没有受到损害。但如果国家被损害,你不要对损害国家的人愤怒,而是向他展示他的错误。

5-23 经常想想那存在的事物和被产生的事物变化和消失得多么迅速。因为实体就像一条湍急地流动的河,事物的活动处在不断的变化之中,各种原因也在无限的变化之中起作用,几乎没有什么是保持静止的。考虑那接近于你的东西,那所有事物都消失于其中的过去和未来的无尽深渊。那么,那自得于这些事物或为它们发愁、把自己弄得很悲惨的人不是很傻吗?因为这些事物仅仅烦扰他一段时间,一段短暂的时间。

5-24 想想普遍的实体,你只占有它很少的一部分;想想普遍的时间,你只分到它一个短暂和不可分的间隔;想想那被命运所确定的东西,你是它多么小的一部分。

5-25 别人对你做了错事吗?让他去注意它吧。他有他自己的气质、他自己的活动。我现在有普遍的本性要我有的,我做我的本性现在要我做的。

5-26 让你的灵魂中那一指导和支配的部分不受肉体活动的扰乱吧,无论那是快乐还是痛苦;让它不要与它们统一起来，而是让它自己限定自己，让那些感受局限于它们自身而不影响灵魂。而当这些感情通过那自然地存在于作为一个整体的身体之中的别的同情而出现于心灵之中时，那么你绝不要拼命抵制这感觉，因为它是自然的，而是不要让自身的支配部分对这一感觉加上认为它是好的或坏的意见。

5-27 和神灵生活在一起。那不断地向神灵表明他自己的灵魂满足于分派给他的东西的人，表明他的灵魂做内心的神（那是宙斯作为他的保护和指导而赋予每个人的他自身的一份）希望它做的一切事情的人，是和神灵生活在一起的。这就是每个人的理解力和理性。

5-28 你对患有狐臭的人生气吗？你对患有口臭的人生气吗？你怎样善待这一麻烦呢？他有这样一张口，他有这样一个腋窝，这种气味来自这些东西是很自然的。——但据说他有理性，如果他用心想一下，他能发现他为什么冒犯了别人。——我希望你满意你的发现，那么好，你也有理性，用你的理性能力来刺激他的理性能力，向他指明他的错处，劝诫他吧。因为如果他肯听，你将医治他，但没有必要生气。你非悲剧演员亦非妓女……

5-29 正像你离去时你不想死……所以在此生活是在你的力量范围之内。但如果人们不允许你，那么就放弃生命吧,并仍表现得仿佛你没有受到任何伤害。这屋子是烟雾弥漫的[1],我就离开它。但你为什么认为这是什么苦恼呢?只要没有什么这种东西迫使我出去,我就留下,自由自在,无人阻止我做我所欲的事,我愿意做那符合理性和社会动物本性的事情。

5-30 宇宙的理智是社会性的。所以它为高等的事物创造出低等的事物,并使它们与高等的事物相互适应。你看到它怎样使高下有序,相互合作,分配给每一事物以它适当的份额,把它们结合到一起使之与那最好的事物相和谐。

5-31 你从此将如何表现于神灵、你的父母、兄弟、孩子、教师、那些从小照顾你的人、你的朋友、同胞以及你的奴隶呢?要考虑是否你从此要以这样一种方式表现于所有人,使人可以这样说你:"一个在行为或语言中不犯错误的人——他从未对人们做事不义、说话不公正。"[2]你要回忆一下你经历过多少事情,你一直能忍受多少困苦,你的生命现在告终,你的服务现在终止;你又见过多少美丽的事物,你蔑视过多少快乐和痛苦,你拒斥了多少所谓光

---

[1] "这屋子是烟雾弥漫的"来自当时这样一个幽默说法:有三件事让一个人离开屋子——屋里冒烟、屋顶裂缝和一个好争吵的老婆。
[2] 引文出自荷马:《奥德赛》,第4章,第690行。

荣的事情，你对多少心肠不好的庸人表示过和善。

5-32 无能和无知的灵魂怎么会打扰有能力和有知识的人呢？那么什么灵魂有能力和有知识呢？那知道开端和结尾的、知道那隐含在整个实体和在全部时间中以确定的时代（变革）管理着宇宙的理性的灵魂。

5-33 很快，你就将化为灰尘，或者一具骷髅，一个名称，甚至连名称也没有，而名称只是声音和回声。那在生活中被高度重视的东西是空洞的、易朽的和琐屑的，像小狗一样互相撕咬，小孩子们争吵着、笑着，然后又马上哭泣。但忠诚、节制、正义和真理却"从宽广的大地飞向奥林匹斯山"[1]。如果感觉的对象是容易变化的，从不保持静止；知觉器官是迟钝的，容易得到错误的印象；可怜的灵魂本身是从血液的一种嘘气，那么还有什么使你滞留在此呢？是为了在这样一个空洞的世界里有一个好名声。那么你为什么不安静地等着你的结局，不论它是死亡还是迁徙到另一国家呢？直到那一时刻来临，怎样才是足够的呢？难道不就是崇敬和赞美神灵，对人们行善，实行忍耐和节制；至于那在可怜的肉体和呼吸之外的一切事物，要

---

[1] 引文出自赫西俄德：《工作与农时》，第197行。

记住它们既不是属于你的,也不是你力所能及的。

5-34 如果你能走正确的道路,正确地思考和行动,你就能在一种幸福的平静流动中度过一生。这两件事对于神的灵魂和人的灵魂,对于理性存在的灵魂都是共同的,不要受别的事情打扰。好好地坚持正义的气质并实行正义,这样你就能消除你的欲望。

5-35 如果这不是我自己的恶,也不是我自己的恶引起的结果,公共福利也不受到损害,为什么我要为它苦恼呢?什么是对公共福利的损害呢?

5-36 不要不加考虑地被事物的现象牵着鼻子走,而是根据你的能力和是否对他们合适而给所有人以帮助;如果他们蒙受无关紧要的物质上的损失,不要把这想象为一种损害。因为这是一种坏的习惯。但当这个老人,当他离去时,回顾他抚育的孩子的巅峰时期,记住这是巅峰时期,你在这种场合里也要这样做。

当你在讲坛上呼唤时,人啊,你忘记了这些事物是什么吗?——是的,但它们是这些人强烈关心的对象——那么你自己也要这样愚蠢地对待这些事物吗?——我曾经是一个幸运的人,但我失去了它,我不知道怎么办。——但幸运只意味着一个人给自己分派了一种好的运气:一种好运气就是灵魂、好的情感、好的行为的一种好的配置。

卷六 认识本性

6-1　宇宙的实体是忠顺和服从的,那支配着它的理性自身没有任何原因行恶,因为它毫无恶意,它也不对任何事物行恶,不损害任何事物。而所有的事物都是根据这一理性而创造和完善的。

6-2　如果你在履行你的职责,那么不管你是冻馁还是暖饱,嗜睡还是振作,被人指责还是被人赞扬,垂死还是做别的什么事情,让它们对你都毫无差别。因为这是生活中的活动之一,我们赴死要经过这一活动,那么在这一活动中做好我们手头要做的事就足够了。

6-3　反观自身,不要让任何特殊性质及其价值从你身上逃脱。

6-4　所有存在的事物都很快要改变:它们或者要回归于气体,如果整个实体的确是一的话;或者它们将被分解。

6-5　那支配的理性知道它自己是怎样配置的、它做什么和用什么原料工作。

6-6　亲自报复的最好方式就是不要变成一个像作恶

者一样的人。

6-7 在从一个社会活动到另一个社会活动的过程中，只在一件事情中得到快乐和安宁——想着神。

6-8 支配的原则是产生和转变自身的原则，当它使自己成为它现在的样子和它将愿是的样子时，它也使发生的一切在它看来都如其所愿。

6-9 每一单个的事物都是按照宇宙的普遍本性来完成的，因为，每一事物的确不是按照任何别的本性——不是按照一个从外面领悟它的本性，或一个在这本性之内领悟它的本性，或一个外在和独立它的本性——来完成的。

6-10 宇宙要么是一种混乱，一种诸多事物的相互缠结和分散；要么是统一、秩序和神意。如果前者是真，为什么我愿意留在一种各事物的偶然结合和这样一种无秩序中呢？为什么我除了关心我最终将怎样化为泥土之外还关心别的事情呢？为什么我要因为不管我做什么我的元素最终都是要分解的而烦扰自己呢？而如果后者是真，我便崇拜、坚定地信任那主宰者。

6-11 当你在某种程度上因环境所迫而烦恼时，迅速地转向你自己，一旦压力消失就不要再继续不安，因为你将通过不断地再回到自身而达到较大的和谐。

6-12 如果你同时有一后母和亲母，你要对后母尽责，但你还是要不断地回到你的亲母身边。现在就让宫廷和哲学是你的后母和亲母，经常地回到哲学吧，在它那里得到安宁。通过它，你在宫廷中遇到的事情，在你看来就是可忍受的了，你会在宫廷中表现出忍耐。

6-13 当我们面前摆着肉类这样的食物，我们得到这样一些印象：这是一条鱼死去的身体，这是一只鸟和一头猪死去的身体，以及，这种饮料只是一点葡萄汁，这件紫红袍是一些以贝类的血染红的羊毛，这些印象就是如此，它们达到了事物本身，贯穿其底蕴，所以我们看到了它们是什么。我们在生活中恰恰应以同样的方式做一切事，对于那些看来最值得我们嘉许的事物，我们应当使它们赤裸，注意它们的无价值，剥去所有提高它们的言辞外衣。因为外表是理智的一个奇妙的曲解者，当你最相信你是在从事值得你努力的事情时，也就是它最欺骗你的时候。可以再考虑一下克拉蒂斯[1]本人对色诺克拉蒂斯[2]所

---

[1] 克拉蒂斯（Crates），约公元前4世纪，来自底比斯，师从第欧根尼，是早期犬儒学派的代表人物之一。他放弃财产而主动承担矫正罪恶和虚伪的使命。

[2] 色诺克拉蒂斯（Xenocrates，前396—前314），来自加尔西顿城（Chalcedon），古希腊哲学家和数学家，公元前339—前314年主持柏拉图学园。他区分了存在的三种形式：感觉、理智和作为前二者综合体的意见。他认为世界是统一的和二元的，灵魂是自我（转下页）

说的。

6-14 群众赞颂的许多事物都属于最一般的物体,是一些通过凝聚力或自然组织结为一体的东西,例如石料、木料、无花果树、葡萄树和橄榄树。而那些具有较多理性人们赞扬的事物则可归之于被一个生命原则结为一体的东西,如羊群、兽群。那些更有教养的人们赞扬的事物则是被一个理性的灵魂结为一体的事物,但这还不是一个普遍的灵魂,而只是在经过某种技艺训练或以别的方式训练过的范围内是理性的,或者仅仅是就它拥有一些奴隶而言是理性的。而那高度尊重一个理性灵魂、一个普遍的适合于政治生活的灵魂的人却除了下面的事以外不看重任何事情:他超越于所有事物之上,他的灵魂保持在符合理性和社会生活的一种状态和活动之中,他和那些像他一样的人合作达到这一目的。

6-15 一些事物迅速地进入存在,而另一些事物则飞快地离开存在,而在那进入存在的事物内部也有一部分已经死灭。运动和变化不断地更新着世界,正像不间断的时

(接上页)运动的数字,神存在于万物之中,恶的力量连接了神性和人类。他所持的伦理学观点是,美德产生幸福,但是外在善能增益幸福并达到目的。

间过程总是更新着无限持续的时代。那么在这一变动不居的急流中,对那飞逝而过的事物,有什么是人可以给予高度评价的东西呢?这正像一个人竟然爱上那飞过的一只鸟雀,却马上就看不见它了一样,每个人的生命正是这种情况,比方说蒸发血液和呼吸空气。因为事情就是如此,正像我们每时每刻做的那样,我们的呼吸能力一旦吸入空气,又马上把它呼出,你在出生时所得到的一切,也要重新变成那原先的元素。

6-16 植物的叶面蒸发不是一件值得尊重的事情,家畜和野兽的呼吸也不是,通过事物现象得到印象,像木偶一样被欲望推动,聚集兽群,从食物得到营养,都不是一件值得尊重的事情,因为这正像切割和分离我们食物的无用部分一样。那么什么是值得尊重的呢?是众口称赞的那些事情吗?不,我们决不能尊重那口舌的称赞,而这来自多数人的赞扬就是一种口舌的称赞。那么假设你放弃了这种无价值的所谓名声,还有什么东西值得尊重呢?我的意见是,按照你恰当的结构推动你自己,限制你自己于那所有的职业和技艺都指向的目标。因为每一技艺都指向它,被创造的事物应当使自己适应于它因此而被造的工作;葡萄种植者、驯马师、驯狗者都追求这一目的。而对年轻人的教育和训练也有此目的,因而教育和训练的价值也就在这里。如果这目的是好的，你将不追求任何别的东西。你还要重视许多别的东西吗？那么你将不会自由，对于你自己的幸福不会知足，不会摆脱激情。因为这样你必然会是嫉妒的、吝惜的，猜疑那些能夺走这些东西的人，策划反对那些拥有你所重视的这些东西的人。想要这样一些东西的人必定会完全处在一种烦恼不安的状态，此外，他一定会常常抱怨神灵。而尊重和赞颂你自己的心灵将使你满足于自身，与社会保持和谐，与神灵保持一致，亦即，赞颂所有他们给予和命令的东西。

6-17 上上下下、前后左右都是元素的运动。而德行的运动却不如此：它是一种更神圣的东西，被一种几乎不可见的东西推动，在它自己的道路上愉快地行进。

6-18 人们的行为是多么奇怪啊：他们不赞扬那些与自己同时代、与自己一起生活的人，而又把使自己被后代赞扬、被那些他们从未见过或永不会见到的人的赞扬看得很重。而这就像你竟然因为生活在你前面的人没有赞扬你而感到悲哀一样可笑之至。

6-19 如果有一件事是你难以完成的，不要认为它对于别人也是不可能的，但如果什么事对于别人是可能的，是合乎他的本性的，那么想来这也是你能达到的。

卷六　认识本性

6-20　假设在体育竞技中一个人的指甲抠伤了你的皮肤，或者在冲撞到你的头时使你受了伤，那好，我们不会有什么神经质的表现，不会以为他要杀我们，我们也不会随后怀疑他是一个背信弃义的伙伴；我们虽然还是防范他，但无论如何不是作为一个敌人，也不带猜疑，而是平静地让开。你在你生活的所有别的方面也这样做吧，让我们不要对那些好比是体育场上的对手一样的人们多心吧。因为，正如我所说的，不抱任何猜疑或仇恨地让开路在我的力量范围之内。

6-21　如果有人能够向我展示并使我相信我没有正确地思考和行动，我将愉快地改变自己；因为我寻求真理，而任何人都不会受到真理的伤害。而那保留错误和无知的人却要因此受到伤害。

6-22　我履行我的义务，其他的事物不会使我苦恼，因为它们或者是没有生命的物体，或者是没有理性的事物，或者是误入歧途或不明道路的存在。

6-23　对于那没有理性的动物与一般的事物和对象，由于你有理性而它们没有，你要以一种大方和慷慨的精神对待它们。而对于人来说，由于他们有理性，你要以一种友爱的精神对待他们。在所有的场合都要祷告神灵，不要困窘于你将花多长时间做这类事，因为即使如此花去三小时也是足够的。

6-24 马其顿的亚历山大[1]和他的马夫被死亡带到了同一个地方，因为他们或者是被收入宇宙的同一生殖本原，或者同样地消散为原子。

6-25 考虑一下在一段不可划分的时间里，有多少关系到身体和灵魂的事情对我们每个人发生，那么你就不要奇怪，在同样的时间里，有更多甚至所有的事物都在那既是一又是全的、我们称之为宇宙的东西中产生和存在。

6-26 如果有人向你提出这个问题——"安东尼"这个名字是怎样写呢？你将不耐烦地说出每个字母吗？而如果他们变得愤怒，你也对他们愤怒吗？你不镇定地继续一个个说出每个字母吗？那么在生活中也正是这样，也要记住每一义务都是由某些部分组成的。遵循它们就是你的义务，不要烦恼和生气地对待那些生你气的人，继续走你的路，完成摆在你面前的工作。

6-27 不允许人们努力追求那些在他们看来是适合他们本性的和有利的事物，是多么残忍啊！但当你因他们行恶而烦恼时，还是要以某种方式不允许他们做这些事。他

---

[1] 亚历山大，见卷3-3注。

们被推动做这些事确实是因为他们假设这些事是适合于他们本性的，是对他们有利的，然而情况不是这样。那么教育他们吧，平静地向他们展示他们的错误。

6-28 死亡是感官印象的终止，是一系列欲望的中断，是思想的散漫运动的停息，是对肉体服务的结束。

6-29 这是一个羞愧：当你的身体还没有衰退时，你的灵魂就先在生活中衰退。

6-30 注意你并不是要被造成一个恺撒[1]，你并不是以这种染料染的，以便这样的事情发生。那么使你自己保持朴素、善良、纯洁、严肃、不做作、爱正义、崇敬神灵、和善、温柔，致力于所有恰当的行为吧。不断努力地使自己成为一个哲学希望你成为的人。尊重神灵、帮助他人。生命是短暂的，这一尘世的生命只有一个果实：一个虔诚的精神和友善的行为。做任何事情都要像安东尼[2]的一个信徒一样。记住他在符合理性的每一行为中的坚定一贯，他在所有事情上表现出的胸怀坦荡、他的虔诚、他面容的宁静、他的温柔、他对虚荣的鄙视、他对理解事物的努力；他如何经手每一件事情都先进行仔细的考察并达到清楚

---

[1] 恺撒，见卷3-3注。
[2] 安东尼，见卷1-16注。

的理解；他如何忍受那些不公正地责备他的人而不反过来责备他们；他从不仓促行事，不信谣言诽谤；他是一个关于方法和行为的十分精细的考察者，不对愤怒的民众让步，不胆怯，不多疑，不诡辩；在房屋、床寝、衣服、食物和仆人方面，很少一点东西就能使他满足；记住他如何能够靠他节俭的一餐而支持到夜晚，甚至除了在通常的时刻之外不需要任何休息来放松一下自己；记住他在友谊中的坚定性和一致性、他如何容忍反对他意见的人的言论自由、当有人向他展示较好的事情时他获得的快乐、他的不掺杂任何迷信的宗教气质。要模仿所有这些品行，以使你能在你最后的时刻来临时，拥有一颗和他一样好的良心。

6-31 回到你清醒的感觉，唤回你自身吧；当你从睡眠中醒来，你明白那苦恼你的只是梦幻，现在在你清醒的时刻来看待这些（有关你的事）就像你曾那样看待那些（梦）一样。

6-32 我是由一个小小的身体和一个灵魂构成的。所有的事物对于这小小的身体都是漠不相关的，因为它不能感觉出差别。但对于理智来说，只是那些不是它自身活动结果的事物才是漠不相关的。而凡是作为它自身活动结果的事物，都是在它的力量范围之内的。然而，在这些事物中又只有那些现在所做的事是在其力量范围之内，因为对于心灵将来和过去的活动来说，甚至这些现在的事情也是漠不相关的。

6-33 只要脚做脚的工作，手做手的工作，手脚的劳动绝不违反本性。所以，对于一个人来说，只要他做的是一个人的工作，他的工作也绝不违反本性。而如果这工作不违反他的本性，它对这个人来说就绝非坏事。

6-34 有多少快乐是被强盗、弑父者和暴君享受的啊。

6-35 你没有看到手艺人是如何使自己在某种程度上适应于那不谙他们手艺的人，同时又仍然坚持着他们的技艺的理性（原则）而并不忍从它离开吗？如果建筑师和医生将比人尊重他自己的理性（那是他和神灵共同的理性）更尊重他们自己的技艺的理性（原则），那不是令人奇怪吗？

6-36 亚细亚、欧罗巴是宇宙的一角；所有的海洋是宇宙的一滴；阿陀斯山[1]是宇宙的一小块；所有现存的时间是永恒中的一点。所有的事物都是微小的、变化的、会

---

[1] 阿陀斯山（Athos），坐落于希腊北部爱琴海岸的一座名山。在希腊神话中，阿陀斯是在巨人与天神交战时巨人族的一员。阿陀斯将一块巨大的石头丢向海神波塞冬，使他跌入爱琴海，变成了阿陀斯半岛。另一种说法是，波塞冬用此山埋葬战败的巨人。

腐朽的。所有的事物都从那儿来，从宇宙的统治力量中直接产生或者作为后继物出现。因此，狮子张开的下颚，有毒的物质，所有有害的东西，像荆棘、烂泥，都是辉煌和美丽的事物的副产品。那么不要以为它们是与你尊崇的事物不同的另一种性质的事物，而是对所有事物的源泉形成一个正确的看法。

6-37　那看见了现在事物的人也看见了一切，包括从亘古发生的一切事物和将要永无止境延续的一切事物，因为一切事物都属于同一系统、同一形式。

6-38　经常考虑宇宙中所有事物的联系和它们的相互关系。因为所有事物都以某种方式互相牵涉着，因而所有事物在这种情况下都是亲密的，因为一事物依次在另一事物之后出现，这是由主动的运动和相互的协作以及实体的统一性造成的。

6-39　要使你自己适应于命运注定、要使你同它们在一起的事物，以及你注定要和他们生活在一起的那些人，要爱他们，真正地、忠实地这样做。

6-40　每个器具、工具、器皿，如果它实现了它被制作的目的，那就是好的，可是制作的人并不在它那里。而在为自然组合的东西里面，制作它们的力量是存在着、停留着；因此，更宜于尊重这一力量，并且想，如果你真是按照它的意志生活和行动,那么你心中的一切也都是符合理性的。而宇宙中那些属于它的事物也都是如此符合理性的。

6-41 如果你假设那不在你力量范围之内的事物对你是好的或坏的,那必然是这样:如果这样一件坏事降临于你或者你丧失了一个好的事物,那你将谴责神灵,也恨那些造成这不幸或损失的人们,或者恨那些被怀疑是其原因的人们;我们的确做了许多不义的事情,因为我们在这些事物之间做出好与坏的区别。但如果我们仅仅判断那在我们力量范围之内的事物为好的或坏的,那就没有理由或者挑剔神灵或者对人抱一种敌意。

6-42 我们都是朝着一个目标而在一起工作的,有些人具有知识和计划,而另一些人却不知道他们在做什么,就像睡眠的人们一样。我想,那是赫拉克利特说的,他说他们在发生于宇宙的事物中是劳动者和合作者[1]。但人们是多少勉强地合作的,甚至那些充分合作的人们,他们也会对那发生的事情与试图反对和阻挠合作的人不满,因为宇

---

[1] 赫拉克利特的说法来自普鲁塔克的记录:"所有人在他们醒着的时候分享同一个宇宙,但睡眠者却马上进入了一个他自己的不可划分的财产世界。"

宙甚至也需要这样一些人。那么这件事仍然保留给你,即懂得你把自己放在哪种工作者之中,因为那一切事物的主宰者将肯定要正确地用你,他将派你作为使用者和那些其劳作倾向于一个目的的人的一个。但你不要使自己扮演这一角色,正像克利西波斯[1]所说,扮演一个戏剧中贫乏的、可笑的角色。

6-43 太阳承担了雨的工作,或者埃斯库拉普承担了果树(大地)的工作吗?那每个星星又是怎样呢,它们是不同的,但它们不还是一起致力于同一目的吗?

6-44 如果神灵对于我、对于必须发生于我的事情,都已经做出了决定,那么他们的决定便是恰当的,因为即便想象一个没有远见的神都是不容易的。至于说加给我伤害,为什么他们会打算那样做呢?因为,那样做对他们,或者对作为他们特别眷顾的对象的整体,会产生什么好处呢?但假如他们对我并没有做出个别决定,他们也一定至少对整体做出了决定,在这个总的安排里依次发生的事情,我应该欣然接受,并且满足。但如果他们完全没有决

---

[1] 克利西波斯(Chrysippus,前280—前207),斯多亚派哲学家,写作了大量著作,开启了斯多亚主义系统化的进程,在他身上集中体现了犬儒-斯多亚的传统。

定——相信这个,乃是一件犯罪的事情,如果我们真相信这个,就让我们不祭祀,也不祈祷,也不对他们发誓,也不做任何别的好像神灵在面前并且同我们生活在一起时我们所做的事情吧——但是,假如神灵没有决定任何牵涉我们的事情,我就能决定我自己了,就能对有用的事物加以考究了;符合于一个人自己的气质与本性的,就是对每个人有用的。但我的本性是理性的和社会的,就我是安东尼来说,我的城市与国家是罗马;但就我是一个人来说,我的国家就是这个世界。因此,对于这些城市有用的,对我才是有用的。

6-45 无论什么事情发生于每个人,这是为了宇宙的利益的:这可能就足够了。但你要进一步把这视为一个普遍真理,如果你这样做了,那对于任何一个人都有用的东西也就对其他人有用了。但是在此让"有用"这个词表示像通常说中性的东西那样的意义,也就是说既非好也非坏。

6-46 正像在环形剧场和诸如此类的地方发生的情况一样,不断地看同一件东西和千篇一律的表演使人厌倦,在整个生活中也是这样,因为所有在上、在下的事物都是同样的,从同一个地方来的,那么还要看多久呢?

6-47 不断地思考,所有种类的人、所有种类的追求和所有的国家都消失了,以致你的思想甚至回溯到腓力斯逊[1]、菲伯斯[2]、奥里更尼安[3]。现在把你的思想转向其他种类的人,转向那你必须退回的地方,那儿有如此多的雄辩家;如此多的高贵哲学家:赫拉克利特、毕达哥拉斯[4]、苏格拉底;如此多的以前时代的英雄,如此多的追随他们的将军,以及暴君;除此之外,还有尤多克乌斯[5]、喜帕恰

---

[1] 腓力斯逊(Philistion),公元前4世纪的著名医师,是天文学家和医师欧多克斯(Eudoxus)的老师。
[2] 菲伯斯(Phoebus),希腊神话中的太阳神阿波罗的别称,是朱庇特与黑暗女神勒托(Leto)的儿子。他是光明之神,光明磊落,所以也被称为真理之神。他还掌管音乐、诗歌和医药,是希腊神话中最为俊美的神祇。但此处应是指人,仅供参考。
[3] 奥里更尼安(Origanion),不知何人。
[4] 毕达哥拉斯(Pythagoras of Samos,约前580—前500),古希腊哲学家、数学家和音乐理论家,生于萨摩斯岛,早年曾游历埃及,后定居意大利南部城市克罗顿,并建立了自己的学派。毕达哥拉斯的哲学思想深受奥佛斯教义影响,具有一些神秘主义因素。他认为灵魂属于轮回的结果。他用数学研究乐律,而由此所产生的"和谐"的概念也对古希腊的哲学有重大影响。在宇宙论方面,毕达哥拉斯结合了米利都学派以及自己有关数的理论。他认为存在着许多个但数量有限的世界。毕达哥拉斯对数学的研究还产生了后来的理念论和共相论,即有了可理喻的东西与可感知的东西的区别,可理喻的东西是完美的、永恒的,而可感知的东西则是有缺陷的,这个思想为柏拉图所承继并发扬光大。
[5] 尤多克乌斯(Eudoxus,约前408—前355),古希腊天文学家和数学家,出生于小亚细亚爱琴海岸的克尼杜斯(Cnidus),求学于雅典柏拉图学园,后创建了自己的学园。他的主要贡献是:以同心球理论呈现行星的复杂运动,以穷尽法研究面积与体积,创比例论(转下页)

斯[1]、阿基米德[2]和别的具有巨大天赋、胸襟博大、热爱劳作、多才多艺和充满自信的人,甚至那些嘲弄人的短暂和速朽生命的人,如门尼帕斯[3]及类似于他的人。当想着所有这些时,考虑他们都早已化为灰尘。那么,这对他们有什么损害呢,这对那名字完全被人忘却的人们有什么损害呢?在此只有一件事有很高的价值,就是真诚和正直地过你的一生,甚至对说谎者和不公正的人也持一种仁爱的态度。

6-48 当你打算投身快乐时,想想那些和你生活在一起的人的德行,例如某个人的积极、另一个人的谦虚、第

(接上页)解决不可公度的问题,从而使古希腊的数学完全转向几何。
[1] 喜帕恰斯(Hipparchus,前190—前120),古希腊天文学家、地理学家和古希腊时代最为著名的数学家之一。他出生于尼西亚,被看作古代最伟大和最全面的天文观察者,是第一个量化并精确化太阳与月亮运动模式的希腊人,根据该模式他推算出日食和月食。为了研究天文学,他创立了三角学和球面三角学。后人在研究行星周期与各种参数时仍沿用着他所留下的大量的观测资料。
[2] 阿基米德(Archimedes,约前287—前212),古希腊物理学家、数学家、静力学和流体静力学的奠基人。他的主要贡献有:系统并严格证明了杠杆定律,为静力学奠定了基础;在研究浮体的过程中发现了浮力定律;确定了各种复杂几何体的表面积和体积的计算方法;创立了"穷竭法",被公认为微积分计算的鼻祖;较精确地求出了圆周率;首创了记大数的数学方法。
[3] 门尼帕斯(Menippus of Gadara),约公元前3世纪出生于加达拉(Gadara),犬儒派哲学家和讽刺作家。他的作品风格鲜明,既悲且喜,但多已失传,著名的门尼帕斯式讽刺就是以他的名字来命名的一种文学形式。

三个人的慷慨、第四个人的某一别的好品质。因为当德行的榜样在与我们一起生活的人身上展示,并就其可能充分地呈现自身时,没有什么能比它们更使人快乐的了。因此我们必须把这些榜样置于我们的面前。

6-49 我猜想,你不会因你体重只有这么些利特内[1]而不是300利特内而不满。那么,也不要不满于你必定只活这么些年而不是更长时间,因为,正像你满足于分派给你的身体重量,你也满足于分派给你的时间长度。

6-50 让我们努力说服他们(人们)。当正义的原则指向这条路时,要循这条路前行,即使这违背他们的意志。然而如果有什么人用强力挡你的路,那么使自己进入满足和宁静,同时利用这些障碍来训练别的德行,记住你的意图是有保留的,你并不欲做不可能的事情。那么你欲望什么呢?——某种像这样的努力。——而如果你被推向的事情被完成了,你就达到了你的目的。

6-51 一个热爱名声的人把另一个人的行动看作是对他自己有利的;那热爱快乐的人也把另一个人的行动看作是对他自己的感官有利的;但有理智的人则把他自己的行

---

[1] 利特内,古西西里的一种计算重量的单位。

为看作是对他自己有利的。

6-52　对一件事不发表任何意见，使我们的灵魂不受扰乱，这是在我们力量范围之内的事情，因为事物本身并没有自然的力量形成我们的判断。

6-53　使你习惯于仔细地倾听别人所说的话，尽可能地进入说话者的心灵。

6-54　那对蜂群不好的东西，对蜜蜂也不是好的。

6-55　如果水手辱骂舵手或病人辱骂医生，他们还会听任何别的人的意见吗？或者舵手能保证那些在船上的人的安全、医生能保证那些他所诊治的人的健康吗？

6-56　有多少和我一起进入这世界的人已经离开了人世。

6-57　对于黄疸病患者来说，蜜尝起来是苦的；对于狂犬病患者来说，水会引起恐惧；对于孩子们来说，球是一种好东西。那么我为什么生气呢？你不认为一个错误的意见和黄疸病患者体内的胆汁或狂犬病患者体内的毒素一样有力量吗？

6-58　没有任何人能阻止你按照你自己的理智本性生活；没有任何违反宇宙理智本性的事情对你发生。

6-59　那么人们希望讨好的人是一种什么样的人呢？是因为什么目的、通过何种行为来讨好他们呢？时间将要多么迅速地覆盖一切，而且它已经覆盖了多少东西啊！

卷七 忍受诸恶

7-1 什么是恶？它是你司空见惯的。在发生一切事情的时候都把这牢记在心：它是你司空见惯的。你将在上上下下一切地方都发现同样的事情，这同样的事情填充了过去时代的历史、中间时代的历史和我们时代的历史；也充斥着现在的城市和家庭。没有什么新的东西：所有事物都是熟悉的、短暂的。

7-2 我们的原则怎么能死去呢？除非那符合于它们的印象（思想）熄灭。但是不断地把这些思想扇成旺盛的火焰是在你的力量范围之内。我对任何事情都能形成那种我应当拥有什么的意见。如果我能，我为什么要烦恼呢？那在我的心灵之外的事物跟我的心灵没有任何关系。——让这成为你的感情状态，你就能坚定地站立。恢复你的生命是在你力量范围之内，再用你过去惯常的眼光看待事物，因为你生命的恢复就在于此。

7-3 无意义的展览，舞台上的表演，羊群，兽群，刀枪的训练，一根投向小狗的骨头，一点儿丢在鱼塘里的面包，蚂蚁的劳作和搬运，吓坏了的老鼠的奔跑，被操纵的木偶，诸如此类。那么，置身于这些事物之中而表现出一种好的幽默而非骄傲就是你的职责，无论如何要懂得每个人都是有价值的，就像他忙碌的事情是有价值的一样。

7-4 在谈话中你必须注意所说的话，在任何活动中你都必须观察在做什么。在一件事里你应当直接洞察它所指向的目的，而在另一件事里你应当仔细观察事物所表示的意义。

7-5 我的理智足以胜任这一工作吗？如果它胜任，那么我在这一工作中就把它作为宇宙本性给予的一个工具来使用。但如果它不胜任，那么，我或者放弃这一工作，把它让给能够较好地做它的人来做（除非有某种理由使我不应该这样做）；或者我尽可能好地做它，接受这样一个人的帮助——他能借助于我的支配原则做现在是恰当并对公共利益有用的事。因为无论是我做的事还是我能和另一个人做的事，都应当仅仅指向那对社会有用和适合于社会的事。

7-6 有多少人在享受赫赫威名之后被人遗忘了，又有多少人在称颂别人的威名之后亦与世长辞。

7-7 不要因被人帮助而感到羞愧，因为像一个战士在攻占城池中一样履行职责正是你的职分。那么，如果因为瘸拐你不能自个儿走上战场，而靠另一个人的帮助你才可能时怎么办呢？

7-8　不要让将来的事困扰你，因为如果那是必然要发生的话，你将带着你现在对待当前事物的同样理性走向它们。

7-9　所有的事物都是相互联结的，这一纽带是神圣的，几乎没有一个事物与任一别的事物没有联系。因为事物都是合作的，它们结合起来形成同一宇宙（秩序）。因为，有一个由所有事物组成的宇宙，有一个遍及所有事物的神，有一个实体，一种法，一个对所有有理智的动物都是共同的理性，一个真理；如果也确实有一种所有动物的完善的话，那么它是同一根源，分享着同一理性。

7-10　一切质料的东西不久就要消失于作为整体的实体之中，一切形式（原因）的东西也很快要回到宇宙的理性之中，对一切事物的记忆也很快要在时间中湮没。

7-11　对于理性的动物来说，依据本性和依据理智是一回事。

7-12　使你直立，否则就被扶直。

7-13　正像在那些物体中各个成分是统一体一样，各个分散的理性存在也是统而为一，因为它们是为了一种合作而构成的。如果你经常对自己说我是理性存在体系中的一个成员（member），那么你将更清楚地察觉这一点。但如果你说是一个部分（part），你就还没有从心底里热爱人们；你就还没有从仁爱本身中得到欢乐；你行善就还是仅仅作为一件合宜的事情来做，而尚未把它看成也是对你自己行善。

7-14 让那要从外部降临的事情落在那可以感觉这降临效果的部分吧。因为如果那些感觉得到的部分愿意，它们将要抱怨，但是，除非我认为发生的事情是一种恶，我不会受到伤害。而不这样认为是在我的力量范围之内。

7-15 不管任何人做什么或说什么，我必须还是善的，正像黄金、绿宝石或紫袍总是这样说：无论一个人做什么或说什么，我一定还是黄金、绿宝石或紫袍，保持着我的色彩。

7-16 支配的能力并不打扰自身，我的意思是：不吓唬自己或造成自身痛苦。但如果有什么别的人能吓唬它或使它痛苦，让他这样做吧。因为这一能力本身并不会被它自己的意见带向这条道路。如果身体能够，让它自己照顾自己不受苦吧，如果它受苦，就让它表现出来吧。而这容易受到恐吓和痛苦的灵魂本身，完全有力量对这些事形成一种意见的灵魂，将不受任何苦，因为它将不会偏向这样一种判断。指导的原则本身除了需要自己之外，再不要任何东西，所以它是免除了打扰，不受阻碍的，只要它不扰乱和阻碍自己。

7-17 幸福（eudaemonia）是一个好神（daemon），或一个好事物。那么你正在做什么呢？哦，幻想吗？当你来时，我以神灵之名恳求你，离去吧，因为我不要幻想。但你是按你的老办法来的，我不生你的气，而只是要你离去。

7-18 有人害怕变化吗？但没有变化，什么东西能发生呢？又怎么能使宇宙本性更愉悦或对它更适合呢？木柴不经历一种变化（烧水）你能洗澡吗？食物不经历一种变化你能得到营养吗？没有变化，其他任何有用的东西能够形成吗？你没有看到对于你来说，就像对于宇宙本性来说一样是需要变化的吗？

7-19 所有物体被带着通过宇宙的实体，就像通过一道急流，它们按其本性与整体相统一和合作，就像我们身体的各部分的统一与合作一样。时间已经吞没了多少个克利西波斯，多少个苏格拉底，多少个爱比克泰德？让你以同样的思想来看待每个人和每件事吧。

7-20 只有一件事苦恼我，就是唯恐自己做出人的结构不允许的事情，或者是以它不允许的方式做出，或者是在它不允许做的时候做出。

7-21 你忘记所有东西的时刻已经临近，你被所有人忘记的时刻也已经临近。

7-22 爱甚至于那些做错事的人，是人特有的性质。如果当他们做错事时你想到他们是你的同胞，这种情况就发生了，他们是因为无知和不自觉而做错事的，你们都不久就要死去，特别是，做错事者没有造成任何伤害，因为他没有使你的自我支配能力变得比以前要坏。

7-23 在宇宙实体之外的宇宙本性，就仿佛实体是蜡，现在塑一匹马，当它打破马时，它用这质料造一棵树，然后是一个人，然后又是别的什么东西，这些东西每个都只存在一个很短的时间。而对于容器来说，被打破对它并不是什么苦事，正像它的被聚合对它也不是什么苦事一样。

7-24 蹙眉苦愁的神态是不自然的，如果经常这样，其结果是所有的美丽清秀都消散了，最后是荡然无存以致完全不可能再恢复。试着从这一事实得出它是违反理性的结论吧。因为如果甚至对做了错事的知觉都将消失，还有什么理性会继续存在呢?

7-25 支配着整体的理性不久将改变你见到的所有事物，而别的事物将从它们的实体中产生，这些事物又再被另一些事物取代，依此进行，世界就可以永远是新的。

7-26 当一个人对你做了什么错事时，马上考虑他是抱一种什么善恶观做了这些错事。因为当你明白了他的善恶观，你将怜悯他，既不奇怪也不生气。因为或者你自己会想与他做的相同的事是善的，或者认为另一件同样性质的事是善的，那么宽恕他就是你的义务。但如果你不认为这样的事情是善的或恶的，你将更愿意好好地对待那在错误中的人。

7-27 不要老想着你没有的和已有的东西，而要想着你认为最好的东西，然后思考如果你还未拥有它们，要多么热切地追求它们。同时无论如何要注意，你还没有如此喜爱它们以致使自己习惯于十分尊重它们，这样使你在没有得到它们时就感到烦恼不安。

7-28 退回自身。那支配的理性原则有这一本性，当它做正当的事时就满足于自身，这样就保证了宁静。

7-29 驱散幻想。不再受它们的牵引。把自己限制在当前。好好地理解对你或是对别人发生的事情，把每一物体划分为原因的（形式的）和质料的。想着你最后的时刻。让一个人所做的错事停留在原处。

7-30 你要注意所说的话。让你的理解进入正在做的事和做这些事的人的内部。

7-31 用朴实、谦虚以及对与德和恶无关的事物的冷淡来装饰你自己。热爱人类。追随神灵。诗人说，法统治着一切——记住法统治着一切就足够了。

7-32 关于死亡：它不是一种消散，就是一种化为原子的分解，或者虚无；它或者是毁灭，或者是改变。

7-33 关于痛苦：那不可忍受的痛苦夺去我们的生命，而那长期持续的痛苦是可以忍受的；心灵通过隐入自身而保持着它自己的宁静，支配的能力并不因此变坏。至于被痛苦损害的（身体）部分，如果它们能够，就让它们表示对痛苦的意见吧。

7-34 关于名声：注意那些追求名声的人的内心，观察他们是什么人，他们避开什么事物，他们追求什么事物。想想那积聚起来的沙堆掩埋了以前的沙，所以在生活中也是先去的事物迅速被后来的事物掩盖。

7-35 引自[1]柏拉图[2]：那种有崇高心灵并观照全部时

---

[1] 引自柏拉图的《理想国》，卷六，486A-B。
[2] 柏拉图（Plato，约前427—前347），古希腊哲学家，也是西方哲学乃至整个西方文化最伟大的思想家之一。柏拉图原名阿里斯托勒斯，因其自幼身体强壮，胸宽肩阔，故被称作"柏拉图"，希腊语意为"宽阔"。他出身于雅典贵族，青年时师从苏格拉底。苏氏死后，他游历四方，企图实现他的贵族政治理想。公元前387年活动失败后逃回雅典，在一所称为阿加德穆（Academus）的体育馆附近设立了一所学园，该学园存在了九百多年，直到公元529年被查士丁尼大帝下令关闭为止。柏拉图的弟子中最为杰出者便是亚里士多德。柏拉图一生著述颇丰，其思想被划分为早、中、晚期，其中影响最为深远的有《理想国》和《法律篇》等。柏拉图的哲学思想奠基于两个世界的划分并由此创建了博大精深的客观唯心主义体系；他据此提出了理念论和回忆说的认识论，并以其作为其教学理论的哲学基础。

间和整体的人,你想他会认为人的生命是一种伟大的东西吗?那是不可能的,他说。——那么这样一个心灵也不会把死看作是恶,肯定不会。

7-36 引自[1]安提斯坦尼[2]:国王的命运就是行善事而遭恶誉。

7-37 对于面容来说,当心灵发布命令时,它只服从自己,只调节和镇定自己,这是一件坏事,而对于心灵来说,它不由自己来调节和镇定,也是一件坏事。

7-38 因事物而使我们自己烦恼是不对的,因为它们与你漠不相关。[3]

7-39 面向不朽的神将使我们欢愉。[4]

7-40 生命必须像成熟的麦穗一样收割,一个人诞生,另一个人赴死。[5]

---

[1] 普鲁塔克认为这段话是亚历山大大帝说的。
[2] 安提斯坦尼(Antisthenes of Athens,前445—前365),古希腊哲学家,苏格拉底的学生之一,犬儒学派的创建者。安提斯坦尼在成为苏格拉底的忠实门徒之前曾学习讦诡辩,在受教于苏格拉底之后,他吸取并发展了其中的伦理层面,提倡一种为了美德而艰苦修行的生活。
[3] 选自欧里庇得斯的戏剧《柏勒洛丰》(Bellerophon),Frag. 289。
[4] 估计也是一段引语,但来源已不可考。
[5] 选自欧里庇得斯的戏剧《许普西皮勒》(Hypsipyle),Frag. 757,这段话是安菲阿拉奥斯(Amphiaraus)为安慰死去的阿耳刻摩洛斯(Archemorus)的母亲而说的。

7-41 如果神灵不关心我和我的孩子,这样做自然有它的道理。[1]

7-42 因为善与我同在,正义与我同在。[2]

7-43 不要加入别人的哭泣,不要有太强烈的感情。[3]

7-44 引自[4]柏拉图:但是我将给这个人一个满意的回答,这就是:你说得不好,如果你认为一个对所有事情都擅长的人应当计算生或死的可能性,而不是宁愿在他所有做的事情中仅仅注意他是否做得正当,是否做的是一个善良人的工作。

7-45 雅典人啊,因为这确实是这样:一个人无论置身于什么地方,都认为那是对他最好的地方,或者是由一个主宰者将他放置的地方。在我看来,他应当逗留在那儿,顺从这偶然,面对他应得的卑贱的职分,不盘算死或任何别的事情。[5]

7-46 我的好朋友,且想想那高贵的和善的事情是不是某种与拯救和得救不同的事情;因为对一个生活这么长

---

[1] 选自欧里庇得斯的戏剧《安提俄珀》(*Antiope*),Frag. 207。
[2] 同上,Frag. 910。
[3] 引文来源已不可考。
[4] 引自柏拉图《申辩篇》28 B。
[5] 引自柏拉图《申辩篇》28 E。

或那么长一段时间的人,至少是一个真正的人来说,考虑一下,是否这不是一件脱离这种思想的事情:那儿一定不存在对生命的任何爱恋,但关于这些事情,一个人必须把它们托付给神,并相信命运女神所说的,没有谁能逃脱自己的命运,接着要探究的是:他如何才能最好地度过他必须度过的这一段时间。[1]

7-47 环视星球的运动,仿佛你是和它们一起运行,不断地考虑元素的嬗递变化,因为这种思想将濯去尘世生命的污秽。

7-48 这是柏拉图的一个很好的说法[2]:谈论人们的人,也应当以仿佛是从某个更高的地方俯视的方式来观察世事,应当从人们的聚集、军事、农业劳动、婚姻、谈判、生死、法庭的吵闹、不毛之地、各种野蛮民族、饮宴、哀恸、市场、各种事情的混合和各个国家的有秩序的联合来看待他们。

7-49 想想过去,政治霸权的如此巨变。你也可以预见将要发生的事情。因为它们肯定是形式相似的,它们不可能偏离现在发生的事物的秩序轨道,因此思考四十年的人类生活就跟思考一万年的人类生活一样。因为你怎么能

---

[1] 引自柏拉图《高尔吉亚留》512 D-E。
[2] 在柏拉图现存的著述中没有发现这段话。

看到更多的东西呢?

7-50 那从地里生长的东西要回到地里,

而那从神圣的种子诞生的,也将回到天国。[1]

这要么是原子的相互结合的分解;要么是无知觉的元素的一种类似的消散。

7-51 带着食物、酒和狡猾的魔术,

蹑步通过狭道想逃脱一死。

而天国送出来的微风,

我们必须忍受,无抱怨地忙碌。[2]

7-52 一个人可能更善于摔倒他的对手,可是他不是更友善、更谦虚;他没有得到更好的训练来对付所有发生的事情,也没有更慎重地对待他邻人的过错。

7-53 在任何工作都能按照符合于神和人的理性做出的地方,也没有任何东西值得我们害怕,因为我们能够通过按我们的结构成功并继续进行的活动而使自己得益,而在这种地方,无疑不会有任何伤害。

7-54 在任何场合和时候,这些都是在你的力量范围

---

[1] 这两句引自欧里庇得斯的戏剧《克利西波斯》(*Chrysippus*),Frtag. 836。
[2] 前二句诗引自欧里庇得斯的戏剧《哀求者》(*Suppliants*),Frag. 1110。后二句的来源已不可考。

之内的：虔诚地默认你现在的条件；公正地对待你周围的人；努力地完善你现在的思想技艺，未经好好考察不让任何东西潜入思想之中。

7-55 你不要环顾四周以发现别人的指导原则，而要直接注意那引导你的本性，注意那通过对你发生的事而表现的宇宙的本性和通过必须由你做的行为而表现的你的本性。而每一存在都应当做合乎它的结构的事情，所有别的事物都是为了理性存在物而被构成的，在无理性的事物中低等事物是为了高等事物而存在的，但理性动物是彼此为了对方而存在的。

那么在人的结构中首要的原则就是友爱的原则。其次是不要屈服于身体的引诱。因为身体只是有理性者和理智活动确定自己范围的特殊场所；不要被感官或嗜欲的运动压倒，因为这两者都是动物的，而理智活动却要取得一种至高无上性，不允许自己被其他运动所凌驾。保持健全的理性，因为它天生是为了运用所有事物而形成的。在理性结构中的第三件事是：摆脱错误和欺骗。那么紧紧把握这些原则的支配能力正直地行进，它就能得到属于它所有的。

7-56 想到你是要死的，要在当前的某个时刻结束你的生命，那么按照本性度过留给你的时日。

7-57 热爱那仅仅发生于你的事情、仅仅为你纺的命运之线,因为,有什么比这更适合于你呢?

7-58 面对发生的一切事情,回忆一下这样一些人,同样的事也曾对他们发生,他们曾是多么烦恼啊,把这些事情看作奇怪的,不满于它们,而现在它们到哪里去了呢?无处可寻。那么你为什么愿意以同样的方式行动呢?你为什么不把这些与本性相歧异的焦虑留给那些引起它们并被它们推动的人呢?你为什么不完全专注于利用对你发生的事物的正确方式呢?因为那样你将好好地利用它们,它们将给你的工作提供质料。仅仅倾听自身,在你做的一切行为中都决心做一个好人,记住……

7-59 观照内心。善的源泉是在内心,如果你挖掘,它将汩汩地涌出。

7-60 身体应当是简洁的,无论在活动中还是姿态上都不表现出杂乱无章。因为心灵通过脸容表现的理智和合宜,也应当体现在整个身体之中。但所有这些事情都应当毫不矫揉造作地去做。

7-61 在这方面,生活的艺术更像角斗士的艺术而不是舞蹈者的艺术,即它应当坚定地站立,准备着对付突如其来的进攻。

7-62 总是观察那些你希望得到他们嘉许的人,看看他们拥有什么样的支配原则。因为那样你将不会谴责那些不由自主地冒犯你的人，你也不会想要得到他们的嘉许，只要你看清了他们的意见和口味的根源。

7-63 哲学家[1]说，每一灵魂都不由自主地偏离真理，因而也同样不由自主地偏离正义、节制、仁爱和诸如此类的品质。总是把这牢记在心是很有必要的，因为这样你就将对所有人更加和蔼。

7-64 在任何痛苦中都让这一思想出现，即在这痛苦中并没有耻辱，它并不使支配的理智变坏，因为就理智是理性或社会的而言，它并不损害理智。的确，在很痛苦的时候也可以让伊壁鸠鲁的这些话来帮助你：痛苦不是不可忍受或永远持续的，只要你记住它有它的界限，只要你不在想象中增加什么东西给它，也记住这一点，我们并没有觉察，我们把许多使我们不惬意的事情也感觉为痛苦，像极度瞌睡、燥热和失去胃口。然后当你不满于这些事情时，你就对自己说，我是在遭受痛苦。

7-65 注意，对薄情寡义的人，不要像他们感觉别人那样感觉他们。

7-66 我们怎么知道泰拉格斯[2]在品格上不如苏格拉

---

[1]"哲学家"似指爱比克泰德。
[2] 泰拉格斯（Telauges），毕达哥拉斯的儿子，继承了其父（转下页）

底优越呢？因为仅下面这些还是不够的：苏格拉底有一更高贵的死；更巧妙地与智者辩论；更能忍耐寒冷的冬夜；当他被命令去逮捕萨拉米的莱昂[1]时，他认为拒绝是更高尚的；他昂首阔步地在街上走过——虽然这一事实人们很可能怀疑其真实性。此外我们还应当探究：苏格拉底拥有一颗什么样的灵魂，是否他能够满足于公正地对待人和虔诚地对待神，不无益地为人们的犯罪苦恼，同时也不使自己屈服于任何人的无知，不把从宇宙降临于他的任何事情看作是奇怪的，不把它作为不可忍受的东西，不允许他的理智与可怜的肉体的爱好发生共鸣。

7-67 自然并没有如此混合你的理智与身体结构，以致不容许你有确定自身的力量和使你自己的一切服从你支配的力量；因为成为一个神圣的人却不被人如此承认是很有可能的。要总是把这牢记在心：过一种幸福生活所需要

（接上页）的学派和思想。根据第欧根尼·拉尔修的《名哲言行录》VIII.43，他也是恩培多克勒（详见卷12-3注）的老师，其作品已不可考。苏格拉底的学生埃斯基恩（Aeschines）在对话作品《泰拉格斯》中描述了苏格拉底如何反驳泰拉格斯所持的极端禁欲主义的观点。

[1] 萨拉米的莱昂（Leon of Salamis），雅典一位受过良好教育有着极高声名的人物，被三十僭主处以死刑。在柏拉图的《申辩篇》中，苏格拉底称他惧怕不正义更甚于惧怕死亡，于是他举了自己不服从三十僭主的处死莱昂的命令来证明自己的观点。

的东西确实是很少的。不要因为你无望变成一个自然知识领域中的辩证家和能手，就放弃成为一个自由、谦虚、友善和遵从神的人的希望。

7-68 在心灵的最大宁静中免除所有压力而生活是在你的力量范围之内，即使全世界的人都尽其所欲地叫喊着反对你；即使野兽把裹着你的这一捏制的皮囊的各个部分撕成碎片。因为置身于所有阻碍物中的心灵，是在宁静中、在对所有周围的事物的一种正确的判断中、在对提交给它的物体的一种径直运用中，坚持自己，以致这判断可以对落入它的视线的事物说：你确实存在（是一实体），然而在人们的意见中你可以呈现为另一种不同的模样；这运用也将对落入他手的事物说：你是我正在追求的事物，因为对于我来说，那出现的事物始终是可以用于理智的和政治的德行的质料，一句话，是可以用于那属于人或神的艺术训练的。因为一切发生的事情都或者与神或者与人有一种联系，绝不是新的和难于把握的，而是有用的和方便的工作材料。

7-69 道德品格的完善在于，把每一天都作为最后一天度过，既不对刺激做出猛烈的反应，也不麻木不仁或者表现虚伪。

7-70 不朽的神是不烦恼的，因为他们在如此长的时间里必须不断地忍受这样的人们，忍受他们中的许多恶人，此外，神也从各个方面关心他们。但是，作为注定很快要死去的人，你就厌倦了忍受恶人吗，而且当你是他们中的一个时也是这样？

7-71 对一个人来说这是一件可笑的事情：他不从他自己的恶逃开——这的确是可能的；他竟要从别人的恶逃开——而这是不可能的。

7-72 无论哪种理性和政治（社会）的能力发现（自己）不是理智的也不是社会的，它就恰当地判断（自己）是低于自身的。

7-73 当你做了一件好的事情，另一个人由此得益，你为什么要像傻瓜一样寻求除此之外的第三件事——得到做了一件善行的名声或获得一种回报呢？

7-74 无人厌倦收到有用的东西。而按照本性行动是有用的。那么就不要厌倦通过别人做这些事而收到有用的东西吧。

7-75 大全的本性运动着产生宇宙。而现在发生的一切事物或者是作为结果，或者是作为连续出现的，甚或那宇宙支配力量本身的运动所指向的主要事物也不受理性原则的支配。如果记住这一点，将使你在很多事情中更为宁静。

卷八 内在堡垒

8-1 这一反思也有助于消除对于虚名的欲望,即像一个哲学家一样度过你的整个一生,或至少度过你从青年以后的生活,这已不再在你的力量范围之内了;你和许多别的人都很明白你是远离哲学的。然后你落入了纷乱无序,以致你得到一个哲学家的名声不再是容易的了,你的生活计划也不符合它。那么如果你真正看清了问题的所在,就驱开这一想法吧。你管别人是怎样看你呢,只要你将以你的本性所欲的这种方式度过你的余生你就是满足的。那么注意你的本性意欲什么,不要让任何别的东西使你分心,因为你有过许多流浪的经验却在哪儿都没有找到幸福:在三段法中没有,在财富中没有,在名声中没有,在享乐中没有,在任何地方都没有找到幸福。那么幸福在哪里?就在于做人的本性所要求的事情。那么一个人将怎样做它呢?如果他拥有作为他的爱好和行为之来源的原则。什么原则呢?那些有关善恶的原则,即深信没有什么东西对于人是好的——如果它不使人公正、节制、勇敢和自由;没有什么东西对人是坏的——如果它不使人沾染与前述品质相反的品质。

8-2 在采取每一个行动时都问自己,它是怎样联系于我呢?我以后将后悔做这事吗?还有一点点时间我就要死,所有的都要逝去。如果我现在做的事是一个有理智的人的工作、一个合社会的人的工作、一个处在与神同样的法之下的人的工作,那么我还更有何求呢?

8-3 亚历山大、盖耶斯[1]和庞培与第欧根尼、赫拉克利特、苏格拉底比较起来是什么人呢?由于他们熟悉事物,熟知它们的原因(形式)、它们的质料,这些人的支配原则都是同样的。但在后者看来,他们必须照管多少事物,他们是多少事情的奴隶啊!

8-4 考虑一下,人们无论如何也要做同样的事情,即使你将勃然大怒。

8-5 主要的事情在于:不要被打扰,因为所有的事物都是合乎宇宙本性的,很快你就将化为乌有,再也无处可寻,就像哈德良[2]、奥古斯都[3]那样。其次要聚精会神地注

---

[1] 盖耶斯即尤利乌斯·恺撒。
[2] 哈德良,参考卷4-33注。
[3] 奥古斯都,参考卷4-33注。

意你的事情,同时记住做一个好人是你的义务,无论人的本性要求什么,做所要求的事而不要搁置;说你看来是最恰当的话,只是要以一种好的气质,并以谦虚和毫不虚伪的态度说出来。

8-6 宇宙的本性有这一工作要做,即把这个地方的事物移到那个地方,改变它们,把它们从此处带到彼处。所有事物都是变化的,但我们没有必要害怕任何新的东西。所有的事物都是我们熟悉的,而对这些事物的分配也保持着同样。

8-7 每一本性当它在循自己的路行进得很好时都是满足于自身的,当一个理性的本性在其思想中不同意任何错误的或不确定的东西时;当它使自己的活动仅仅指向有益于社会的行为时;当它把它的欲望和厌恶限制在那属于自己力量范围之内的事物上时;当它满足于那普遍本性分派给它的一切事物时,我们就说一个理性的本性循自己的路行进得很好。因为每一特殊本性都是这一共同本性的一部分,正像叶子的本性是这一植物本性的一部分一样,但在植物那里,叶子的本性是那没有知觉或理性、容易受到阻碍的本性的一部分,而人的本性则是这样一种本性的一部分,这种本性不易受到阻碍,是理智和公正的,因为它根据每一事物的价值平等地给予一切事物以时间、实体、原因（形式）、活动和事件。但我们的考察并不是要发现任何一个事物和任一别的个别事物相比较在所有方面都是平等的，而是要把结为一个事物的所有部分与组成另一个事物的所有部分相比较。

8-8 你没有闲空或能力阅读，但是你有闲空或能力防止傲慢，你有闲空超越快乐和痛苦，你有闲空超越对虚名的热爱，不要烦恼于愚蠢和忘恩负义的人们，甚至不要理会他们。

8-9 不要让任何人再听到你对宫廷生活或对你自己生活的不满。

8-10 后悔是一种因为忽视了某件有用的事情而做的自我斥责，而那善的东西必定也是有用的，完善的人应当追求它。但完善的人没有一个会后悔拒绝了感官的快乐。这样的快乐就既非善的亦非有用的。

8-11 一个事物，它自身是什么，自身的结构是什么？它的实体和原料是什么？它的原因的本性（或形式）又是什么？它在这世界上正做什么？它要继续存在多久？

8-12 当你不情愿地从眠床上起来时，记住这是按照你的结构和人的本性去从事社会活动，而睡眠却是对无理智的动物也是同样的。但那以每个个体的本性为据的东西，也是更特殊地属他自己的东西，是更适合于他的本性的，也确实更能带来愉悦。

8-13 如果可能的话，不断地对灵魂收到的每一印象应用物理学、伦理学和辩证的原则。

8-14 无论你遇见什么人，径直对自己说：这个人对善恶持什么意见？因为，如果他对苦乐及其原因，对荣辱、生死持这样那样的意见，那么他做出这样那样的行为，对我来说就没有任何值得奇怪和不可解的地方了，我将在心里牢记他是不能不这样做的。

8-15 记住：正像对无花果树结出了无花果感到大惊小怪是一种羞愧一样，对这世界产生了本来就是它产物的事物大惊小怪也是一种羞愧，对于医生来说，如果他对一个人患了热病大惊小怪；或者一个舵手对风向不遂人意大惊小怪，对他们来说都是一种羞愧。

8-16 记住：改变你的意见，追随纠正你缺点的人，这跟要坚持你的错误一样，是和自由一致的。因为这是你自己的活动，这活动是根据你自己的运动和判断，也的确是根据你自己的理解力做出的。

8-17 如果一件事是在你的力量范围之内，为什么不做它呢？但如果它是在另一个人的力量范围之内，你责怪谁呢？责怪原子（偶然）抑或神灵？不论怪谁都是愚蠢的。你绝不要责怪任何人。因为如果你能够，就去改变那原因；

但如果你不能够，那至少去改正事物本身；而如果连这你也做不到，那你不满有什么用呢？因为没有什么事物是不带有某种目的做出的。

8-18　那死去的东西并不落到宇宙之外。如果它逗留在这里，它也在这儿改变，被分解为恰当的部分——宇宙的元素和你自身的元素。它们也在变化，且不发牢骚。

8-19　一切事物存在都有某种目的，如一匹马、一棵葡萄树。那你为什么奇怪呢？甚至太阳也要说，我存在是有某种目的的，其余的神灵也要同样说。那么你是为什么目的而存在呢？为了享受快乐吗？看看常识是否允许这样说。

8-20　自然在每一事物结尾时对它的关心不亚于在其开始或中途对它的关心，就像往上投球的人一样。那么对于球来说，被投上去对它有什么好处呢？而开始落下甚或落下地对它又有什么损害呢？对于一个气泡来说，形成对它有什么好处，爆裂对它又有什么坏处呢？同样的话也适用于一道闪电。

8-21　深入地审视身体，看看它是一种什么性质的事物，当它变老时，它变成什么样的事物，当它生病时，它又变成什么样的事物。

赞颂者和被赞颂者，记忆者和被记忆者的生命都是短暂的；所有这些活动都发生在这世界的一部分的一个小角落里，甚至在此也不是所有人都意见一致，不，不是任何人都和他自己在一起的。整个地球也只是一个点。

8-22 注意你面前的东西，看它是一个意见还是一个行为或者一句话语。

你正直地忍受这一事，因为你宁愿它明天变成好事而不是今天就是好事。

8-23 我在做什么事情呢？我做有关人类善的事情。有什么事对我发生吗？我接受它，把它归于神灵——所有事物的根源，所有发生的事物都是从它们那儿获得的。

8-24 当洗澡时你看到这样的东西——油腻、汗垢、肮脏、污秽的水，所有的东西都发出令人作呕的气味——生命的每一部分和一切事物都是如此。

8-25 露西娜看见维勒斯[1]死了，然后露西娜死了；西孔德看见马克西默斯[2]死了，然后西孔德死了；埃皮梯

---

[1] 维勒斯和露西娜是奥勒留的父母。奥勒留的女儿也叫露西娜（Annia Aurelia Galeria Lucilla，148 或 150—182），是他和皇后福斯蒂娜（Faustina）的第二个女儿和第三个孩子，奥勒留的共治者即养兄维勒斯的妻子。
[2] 马克西默斯是奥勒留的老师（见卷 1-15 注），西孔德（Secunda）则是他的妻子。

卷八　内在堡垒

恩查努斯看见戴奥梯莫斯[1]死了,然后埃皮梯恩查努斯死了;安东尼看见福斯蒂娜[2]死了,然后安东尼死了。这就是一切。塞勒尔[3]看见哈德良死了,然后塞勒尔死了。那些机智颖悟的人,或者预言家或者趾高气扬的人,他们现在到哪里去了呢?比方说这些机敏的人:查拉克斯[4]、柏拉图主义者迪米特里厄斯[5],还有尤德蒙[6]及别的类似于他们的人。所有的人都是朝生暮死,早已辞世。有一些人的确甚至被人马上忘记,还有一些人变成了传说中的英雄,再一些人甚至从传说中也消失了。那么记住这一点:你,这

---

[1] 埃皮梯恩查努斯不可考。戴奥梯莫斯(Diotimus),斯多亚派哲学家,生活在公元前100年左右。据说他曾斥责过伊壁鸠鲁的邪恶和堕落,并以伊壁鸠鲁的口吻伪造了50封书简来证明自己的观点。他认为幸福或善不存在于任何单一的善中,而在于福祉的完美积累中,这种观点似乎偏离了严格的斯多亚派的见解而更有似于亚里士多德的主张。
[2] 这里的安东尼是奥勒留的养父,他妻子叫福斯蒂娜。福斯蒂娜(Faustina,100—141),常作"大福斯蒂娜"(其女儿被称作"小福斯蒂娜",是奥勒留之妻),罗马皇帝安东尼之妻,罗马皇后,其叔父是罗马皇帝哈德良。她和安东尼的婚姻生活非常幸福,曾诞下四名子女,被看作是罗马帝国历史上最有德行和最受尊敬的皇后。
[3] 塞勒尔是哈德良皇帝的秘书。
[4] 查拉克斯(Charax),可能是一名僧侣历史学家,其生卒年不详,只知道他大概生活在尼禄稍后的年代。
[5] 迪米特里厄斯也许是指那位雅典最后的雄辩家与政治家。
[6] 尤德蒙据说是一个有名的占星家。

一小小的混合物，也必定要或者是分解，或者是停止呼吸，或者被移到其他地方。

8-26 一个人做适合于一个人做的工作对他就是满足。那么适合于一个人做的工作就是：仁爱地对待他的同类，轻视感官的活动，对似可信的现象形成一种正当的判断，对宇宙的本性和发生于它之中的事物做一概观。

8-27 在你和别的事物之间有三种联系：一种是与环绕你的物体的联系；一种是与所有事物所由产生的神圣原因的联系；一种是与那些和你生活在一起的人的联系。

8-28 痛苦或者对身体是一个恶（那就让身体表示它的想法吧），或者对灵魂是一个恶；但是，灵魂坚持它自己的安宁和平静，不把痛苦想作一种恶，这是在它自己的力量范围之内。因为每一判断、活动、欲望和厌恶都是发生在内心，而任何恶都不能上升得如此高。

8-29 通过常常这样对自己说而清除你的幻觉：不让任何恶、任何欲望或纷扰进入我的灵魂，现在这是在我的力量范围之内，而通过观察所有事情我看见了它们的本性是什么，我运用每一事物都是根据其价值。——牢记这一来自你本性的力量。

8-30 不仅在元老院中，而且对任何一个人都要恰当地说话，不矫揉造作，言辞简明扼要。

8-31 奥古斯都的宫廷、妻子、女儿、后代、祖先、姐妹、厄格里珀[1]、亲属、心腹、朋友、阿雷夫斯[2]、米西纳斯[3]、医生和祭司，整个宫廷里的人都死去了。然后再看其他的，不是考虑一个单独的人的死，而是整个家族的死，像庞培的家族，那是铭刻在坟墓上的——他家族的最后一个。然后考虑那些在他们之前的人对他们可能撒下的后代的苦恼，然后必然有某个人成为最后一个。在此再考虑一整个家族的死。

8-32 在每一活动中都好好地使你的生活井然有序是你的义务，如果每一活动都尽其可能地履行这一义务，那么就满足吧，无人能够阻止你，使你的每一活动不履行其义务。——但某一外部的事物可能挡路。——没有什么能

---

[1] 厄格里珀（Marcus Vipsanius Agrippa，前63—前12），古罗马皇帝奥古斯都的密友、女婿、军官和大臣。他在奥古斯都绝大多数的军事战争中立下战功。其中最著名的一场战役是在亚克兴角（Actium）大败埃及皇后克娄巴特拉（Cleopatra）和马可·安东尼率领的海军。

[2] 阿雷夫斯（Areius），亚历山大人，奥古斯都时代著名的毕达哥拉斯式和斯多亚派的哲学家。奥古斯都非常尊重他，在征服了亚历山大城之后，宣布此城免遭洗劫是出于对阿雷夫斯的尊崇。据说阿雷夫斯和他的两个儿子，迪欧尼西厄斯（Dionysius）和尼卡诺（Nicanor）曾教导奥古斯都哲学。

[3] 米西纳斯（Caius Cilnius Maecenas，前70—前8），奥古斯都的心腹和政治顾问，他还慷慨资助了奥古斯都时代的新诗艺术的发展。他的名字后来成为大力支持艺术的慨然捐资者的别称。

阻挡那正当、清醒和慎重的活动。——但也许某一别的积极力量将受阻碍。——好，但通过默认阻碍和通过满足于把你的努力转到那被允许的事情上去，另一个行动机会又会代替那受阻的活动而直接摆到你面前，它也是一个适应于我们刚才说的那一秩序的行动机会。

8-33 毫不炫耀地接受财富和繁荣，同时又随时准备放弃。

8-34 如果你曾见过一只手被切断，或一只脚、一个头，如果你看见离开了身体的其他部分躺在那儿，那么，那不满于发生的事的人就是这样就其所能地使自己变成这样，使自己脱离他人，或做出反社会的事情来。假设你已使自己从这一自然的统一离开——因为你天生就被造成为它的一个部分，而现在你却切断了与它的联系——在此却还是有一好的办法，即再统一起来还在你的力量范围之内。神没有把这一能力，即在自身被分离和切开以后，又重新统一到一起的能力，许给其他动物。但考虑一下神弘扬人的善意，他把这放到人的力量范围之内，即不会完全同宇宙分开；而当他被分离时，神允许他回来，重新统一，占据他作为一个部分的地位。

8-35 由于宇宙的本性给了每一理性存在以它拥有的所有别的力量，所以我们也从此得到了这一力量。因为正像宇宙本性在其预定的地方转变和安排一切阻碍和反对它的事物,使这类事物成为它自身的一部分一样,理性动物也能使每一障碍成为他自己的质料,利用它达到他可能已设计好的目的。

8-36 不要通过想你的整个一生来打扰你。不要让你的思想涉及那你可能预期将落于你的所有苦恼,而是在每个场合都问自己,在这种场合里究竟有什么不可忍受的东西和不能过去的东西?因为你将会羞于承认。其次,记住将来或过去都不会使你痛苦,而只有现在会使你痛苦。而如果你只是限制它,这种痛苦将缩小到一点点;如果甚至连这也不能抵住,那就斥责你的心灵吧。

8-37 潘瑟或帕加穆斯现在还坐在维勒斯[1]的陵墓之侧吗?乔内阿斯或戴奥梯莫斯现在还坐在哈德良的陵墓之侧吗?那将是荒唐的。好,假如他们还坐在那儿,死者又能意识到吗?如果死者意识到,他们会感到高兴吗?如果他们感到高兴,那又能使他们永远不死吗?这些人也要先变成老翁、老妪然后死去,这不是命运的秩序吗?那么这些死者之后的人做什么呢?所有的人都要走上这一条道路。

---

[1] 维勒斯是与奥勒留共享皇权者,潘瑟是维勒斯的女主管,帕加穆斯是被释奴隶。乔内阿斯与戴奥梯莫斯(见卷 8-25 注)的身份估计也类似于此。

8-38 哲学家说,如果你能敏锐地观察,就能明智地调查和判断。

8-39 在理性动物的结构中我看不到任何与正义相反的德行,而是看到一种与热爱快乐相反的德行,那就是节制。

8-40 如果你驱除你的关于看来给你痛苦的事物的意见,你的自我将得到完全的保障。——那这一自我是什么呢?——是理性。——但我并不是理性。——那就这样吧,让理性本身不要烦扰自己。但如果你的其他部分受苦,就让它表示它对自己的意见吧。

8-41 感觉障碍对动物本性是一种恶。运动(欲望)的障碍对动物本性同样是一种恶。某些别的东西对植物的结构同样也是一种阻碍和一种恶。所以,理解力的障碍对理智的本性来说也是一种恶。那么把所有这些道理用于你自身。痛苦或感官快乐影响你吗?感官将要注意它。——在你致力于一个目标时有什么东西阻碍你吗?如果你的确在做出这种绝对的努力(无条件或无保留的努力),那么肯定这一障碍对被考虑为是一个理性动物的你是一种恶。但如果你考虑一下事物的通常过程,你还是没有被伤害甚或被阻碍。无论如何,对于理解力是适合的事物,是任何他人都不能阻挠的,因为无论火、铁、暴君、辱骂都接触不到它。当它被造成为一个球体，它就继续是一个球体。[1]

8-42 说我给了自己痛苦是不合适的，因为我甚至对别人也没有有意造成痛苦。

8-43 不同的事物使不同的人欢乐，我的欢乐则是使支配能力健全同时又不脱离任何人或对人们发生的任何事情，而只是以欢迎的眼光看待和接受一切，根据其价值运用每一事物。

8-44 注意你要对自己保证这一现在的时刻，因为那些宁愿追求死后名声的人没有想到：后来的人们将跟那些现在他们不记得了的人一样，两者都是有死的。那么以后这些人对你是否说这种或那种话，对你有这种或那种意见，于你又有什么关系呢？

8-45 带我去你将要去的地方吧，因为在那儿我将使我心中神圣的部分保持宁静，换言之，如果它能按照它恰当的结构感觉和行动，它将是满足的。我的灵魂为什么要变得比过去不幸、恶劣、沮丧、自大、畏缩和恐惧呢？这种变化难道有什么充足的理由吗？你能为它找到这种充足的理由吗？

---

[1] 这最后一句话似来自恩培多克勒。

8-46 没有什么不属人的事情能够从人发生；没有什么不符合一头公牛本性的事情从一头公牛发生；没有什么不符合一棵葡萄树本性的事情从一棵葡萄树发生；没有什么不适合于一块石头的事情从一块石头发生。那么如果从每一事物发生的事情都是平常和自然的，你为什么要抱怨呢？因为共同的本性带来的事情，没有不是由你所生的。

8-47 如果你因什么外在的事物而感到痛苦，打扰你的不是这一事物，而是你自己对它的判断。而现在清除这一判断是在你的力量范围之内。但如果在你自己的意向里有什么东西给你痛苦，那么谁阻止你改正你的意见呢？即使你是因为没有做某件你觉得是正当的事情而感到痛苦，你为什么不去做这件事而非要抱怨呢？——但有一个不可逾越的障碍横亘在前吗？——那么不要为此悲哀，因为不做这件事的原因是不以你的意志为转移的。——但如果不能做到这件事的话，活着就是无价值的吗？——那么就满意地放弃你的生命吧，正像那充分活动过的人死去一样，也对作为障碍的事物感到欢喜。

8-48 记住：你的支配部分是不可征服的，如果它不做任何非它所愿的事情，即使它是出于纯粹的顽强而进行抵制的，那么当它自我镇定时，它也是满足于自身的。但是，如果它通过理性和审慎的援助形成对事物的一种判断时，它又将怎样呢？所以，那摆脱了激情的心灵就是一座堡垒，因为人再没有什么比这更安全的地方可以使他得到庇护。在此静候将来，这一堡垒是不可摧毁的。而不知道这一点的人就是一个无知的人，知道这一点却不飞向这一庇护所的人则是不幸的人。

8-49 除了最初的现象所报告的，不要再对自己说什么，假设有人报告你说某个人说你的坏话，这个消息被报告了，但你并没有受到损害，并没有你受到损害的报告。我看到我的孩子生病了，我看到了，但我并没有看到他是在危险之中。如此始终听从最初的现象，不从内心对你增加任何东西，那么就没有什么对你发生了。或宁可像一个知道世界上发生的一切事情的人一样增加某种东西。

8-50 这条黄瓜是苦的。——那就扔掉它。——道路上有荆棘。——那就避开它。这就够了。不要再增加什么，问为什么这世界上有这种东西啊？因为你将被一个熟悉自然的人嘲笑，正像如果你在木匠和鞋匠的铺子里因发现刨花和碎料而挑剔他们时遭到他们嘲笑一样。但他们还是有投放这些刨花和碎料的地方，而宇宙的本性却没有这外部的空地，但她的艺术中最奇妙的部分就在于虽然她限定了自身，她却能把她内部看来是腐朽、衰老、无用的一切东西转变为自身，从这些东西中重新创造出新的同样东西，以致她不需要任何从外面来的实体,也不需要一个她可以投放腐烂东西的地方。所以她是满足于她自己的空间、她自己的质料和她自己的艺术的。

8-51 你的行动不要迟缓呆滞,你的谈话不要缺乏条理,你的思想不要漫无秩序,不要让你的灵魂产生内部的纷争和向外的迸发,也不要在生活中如此忙碌以致没有闲暇。

假设人们杀死你,把你切为碎片,诅咒你。那么这些事情怎么能阻止你的心灵保持纯净、明智、清醒和公正呢?例如,如果一个人站在一泓清澈纯净的泉边诅咒它,这清泉绝不会停止冒出可饮用的泉水,如果这个人竟然把泥土或垃圾投入其中,清泉也将迅速地冲散它们,洗涤它们,而不会遭到污染。那么作为拥有一种永恒的泉水而不仅仅是一口井的你将怎样呢?要每时每刻地塑造你自己,达到与满足、朴素和谦虚结为一体的自由。

8-52 那不知道世界是什么的人,也不知道他自己在哪里。那不知道世界为什么目的存在的人,也不知道他自己是谁,不知道世界是什么。而对这些事一无所知的人甚至不能说他自己是为什么目的而存在的。那么你怎样想那避免或寻求喝彩和称赞的人呢,怎样想那些不知道他们在哪里或他们是谁的人呢?

8-53 你希望得到一个每小时谴责他自己三次的人的赞扬吗？你希望取悦于一个对自己也感到不悦的人吗？一个后悔他做过的几乎一切事情的人会对自己感到欣悦吗？

8-54 不要再仅仅让你的呼吸和围绕着你的空气和谐一致，现在还要让你的理智也和那包括所有事物的理智和谐一致。因为理智力对于愿意利用它的人来说，就跟大气对于能够呼吸它的人一样，也是分布于所有部分和浸淫于所有事物的。

8-55 一般来说，恶全然不损害到宇宙，特别是，一个人的恶并不损害到另一个人。它仅仅损害这样的人——只要他愿意，就可以拥有摆脱恶的力量的人。

8-56 我的邻人的自由意志对于我自己的自由意志来说，正像他可悦的呼吸和肉体一样于我是漠不相关的。因为虽然我们是被专门造出来互相合作的，我们每个人的支配力还是有着自己的活动空间，因为否则的话我的邻人的恶就会损害到我了，而神并没有如此意欲以致我们的不幸也可以互相影响。

8-57 阳光看来在照射下来，它的确是分布到所有方向，但它并不是流溢。因为这种分布是扩展：因而它的光线就叫作扩展，因为它们是被扩展的。如果一个人注意阳光通过一个狭口进入一个黑暗的房间，他就可以判断出一条光线是一种什么事物,因为它笔直地伸展,当它遇到任何挡住它去路和切断空气的固体时,它可以说是被隔开了,但是光仍然在那里保持着稳定,并不滑动或缩小。那么理解力也应当如此照射和分布,它不应当是一种流溢,而是一种扩展,它不应对挡住它去路的障碍做任何激烈的冲撞,同时也不畏缩,而是稳定地照亮那接受它的东西。因为一个物体不接受它的话,它就得不到光亮。

8-58 害怕死亡的人或者是害怕感觉的丧失,或者是害怕一种不同的感觉。但如果你将没有感觉,你也将感觉不到损害;如果你将获得另一种感觉,你将是一种不同的生物,将不停止生命。

8-59 人们是彼此为了对方而存在的,那么教导他们,容忍他们。

8-60 一支箭以这种方式运动,心灵以另一种方式运动。的确,当心灵谨慎地活动或致力于探究时,它以一条直线向其目标运动。

8-61 洞察每个人的支配能力;也让所有其他的人洞察你的支配能力。

卷九 理解存在

9–1 那不正当地行动的人也是在不虔诚地行动。因为既然宇宙本性为相互合作的目的造就了理性动物,要他们根据他们的应分彼此帮助,而不要相互损害,那么违反他意志的人,就显然对最高的神意犯有不敬之罪。那说谎的人也对同样的神意犯有不敬之罪,因为宇宙本性就是那存在的各种事物的本性,那存在的各种事物与所有进入存在的事物都有一种联系。此外,这一宇宙本性是名为真理的,是所有真实事物的主要原因。这样,那有意说谎的人就因为他说谎的不正当行为而犯有不敬之罪,那不自觉说谎的人也因为他与宇宙本性的矛盾,因为他通过反对世界本性而扰乱了秩序而犯有不敬之罪,由于他反对世界本性,他就把自己推到与真理对立的地位,由于他是通过这种无知而从自然中接受力量,他现在就不能辨别真伪。的确,那把快乐作为善追求,把痛苦作为恶避免的人亦是犯了不敬之罪。因为这样的人必然经常对宇宙本性不满,声称宇宙本性没有按照善人和恶人的应分分配给他们东西,因为恶人常常享受快乐，拥有产生快乐的事物，而善人却有痛苦作为他们的份额，拥有那引起痛苦的事物。此外，那害怕痛苦的人有时也将害怕那发生在世界上的某些事情，而这种害怕甚至也是一种不敬。追求快乐的人将不会戒除不义，而这显然也是不敬。至于那些宇宙本性同等地感受的事物——因为除非它是同等地感受这两种事物，否则就不会创造它们了——对于这些事物，那些愿意遵循本性的人将与之同心，也同等地感受这两种事物。那么，由于苦乐、生死和荣辱都是宇宙本性同等利用的事物，无论谁不同等地感受它们就显然是不虔诚了。我是说宇宙本性同等地利用它们，而不是说它们同样地发生于那些在连续的系列中产生的人和那些在他们之后通过神意的某种原初运动而产生的人，这一运动按照神意从某一开端向这一事物系列运动，孕育着某些将要存在的事物原则，决定着产生存在、变化和这样一种连续系列的力量。

9-2 辞别人世而从未有过说谎、虚伪、奢侈和骄傲的嗜好，是一个人最幸福的命运。然而如俗话所说，当一个人拥有足够的这些事情时，立即结束自己的生命则是仅次于最好的一次旅行。而你决定顺从恶吗，还没有引导自己从这种瘟疫逃开的经验吗？因为理智力的毁灭就像一场瘟疫，比围绕着我们的大气的任何腐败和变化都更像一种瘟疫。因为那种腐败就它们是动物而言是动物的瘟疫；而这另一腐败就他们是人而言是人的瘟疫。

9-3 不要蔑视死亡，而是正常地表示满意，因为这也是自然所欲的一件事情。因为像年轻，变老，接近和达到成熟，长牙齿，长胡子和白发，怀孕、生子和抚养，以及所有别的你生命的季节所带来的自然活动都是这样的事物，分解和消亡也不例外。那么，这就是和一个反思的人一致的，即不要轻率或不耐烦地对待或蔑视死亡，而是要把它作为自然的一个活动静候它。就像你现在等待着孩子从你妻子的子宫里分娩出一样，也准备着你的灵魂脱出这一皮囊的时刻来临。但如果你也要求一种将接触到你心灵的通俗的安慰，那么通过观察你将要与之分手的物体，观察你的灵魂将不再与之同在的那些人的道德，你将变得最顺从死亡。因为，因人们的过错而发怒绝不是正确的，关心他们、静静地忍受他们才是你的义务；但也要记住你并不是要从跟你持有同样原则的人们那里离去。因为如果有什么使我们转念的事情的话，这是唯一能使我们转而依恋生命的事情，那就是允许我们跟那些持有和我们同样原则的人一起生活。而现在你看到：从那些生活在一起的人们的不和中产生的苦恼是多么大啊！以致你可以说：快来吧，死亡，以免我或许也可能迷失自己。

9-4 那作恶者也是对自己行恶。那做不义之事的人也是对自己行不义,因为他使自己变坏。

9-5 不仅做某种事的人常常是不正当地行动,而且不做某种事的人也常常是在不正当地行动。

9-6 你使自己现在的意见以理解为基础,使你现在的行为指向社会利益,使你现在的性情满足于一切发生的事情——这就足够了。

9-7 驱散想象,克制欲望,消除嗜好,把支配能力保持在它自己的力量范围之内。

9-8 一种生命是分布在没有理性的动物之中的,而一种理性的灵魂是分布在理性动物之中的,正像有一个其中所有事物都是土性的大地一样,我们借助同一种光观看,呼吸同一种空气,我们每个人都有视力,每个人都有生命。

9-9 所有分享一种共同东西的事物都倾向于它们同类的事物,所以土性的事物都倾向于大地,液体的事物都倾向于一起流动,气体的事物也是如此,以致它们要求某种力量把它们分开。火的炎上的确是由于元素的火,但它是如此准备和所有在此的火一起燃烧,以致想燃着一切稍许干燥、容易着火的物体,因为这些物体含有较少的阻止燃烧的东西。所以相应地,每一分享共同理性的存在也以同样的方式倾向于与它同类的存在,甚至倾向性更强。因为它与所有别的事物比较起来优越得多，它也同样多地更愿意与和它同类的东西结合或融合。所以，我们在缺乏理性的动物中发现蜂群、畜群、对雏鸟的抚养、某种意义上的爱；因为甚至在动物中亦有灵魂，那种把它们带到一起的力量看来是在较优越的程度上活动的，在植物、石块、树林中却没有看到过这样一种现象。而在理性动物中，则有政治团体和友谊、家庭和公众集会，以及战争、谈判和休战。但在更为优越的存在那里，即使它们相互分离，也还是以某种方式统一着，星宿的情况就是这样。于是达到这更高程度的上升就能够甚至在分离的事物中产生一种同情。那么看看现在所发生的事情吧。因为目前只有理性的动物忘记了这一相互的欲望和爱好，只有在他们那里看不到一起行动的特性。但即使人们努力避免这一联合，他们还是为联合所吸引和制约，因为他们的社会本性是太强了，你只要观察一下，就知道我说的是事实。那么，一个人将发现任何土性的事物与非土性的事物的结合要比一个人完全分离于其他人来得更快。

9—10 人、神和宇宙都生产果实，它们各自在适当的季节里生产它。但如果按惯常的用法把这些特殊用法的词用于葡萄树或类似事物却毫无意义。理性为一切也为自己产生果实，从它，产生出别的和理性本身同一性质的事物。

9-11 如果你能够,通过劝告去纠正那些做错事的人,但如果你不能够,记住你要因此之故采取任其自然的态度。神灵对这种人也是任其自然的,出于某些原因他们甚至帮助这些人得到财富、健康、名声,他们是如此和善。这也是在你的力量范围之内,或者说,谁阻碍你这样做呢?

9-12 不要像一个被强迫者那样劳动,也不要像一个将受到怜悯或赞扬的人那样劳动,而要使你的意志直指一件事情,即像社会理性所要求的使你活动和抑制自身。

9-13 今天我摆脱了所有苦恼,或宁可说我逐出了所有苦恼,因为这不是发生在外部,而是发生在内部,在我的意见中。

9-14 所有事物都是同样的,都是经验所熟悉的,都是时间上短暂和质料上无价值的。现在的一切事物正像它们在先死者的时代里一样的。

9-15 事物并列在我们外面,它们不知道它们自己,不表示任何判断。那么,判断它们的是什么呢?是支配的能力。

9-16 有理性的社会动物的善恶不是在消极的活动中,而是在积极的活动中,正像他的德行与恶行不是在消极的活动中而是在积极的活动中一样。

9-17 对于那被往上抛掷的石头来说，落下绝非一种恶，而它被人携带也的确并非一种善。

9-18 深入到人们的指导原则之中，你将看到你害怕什么判断，它们自身又是一种什么判断。

9-19 一切事物都在变化中，你自身也是在不断的变化中，在某种程度上是在不断的毁灭中，整个宇宙也是如此。

9-20 让别人的恶劣行为留在原地而不影响你是你的义务。

9-21 活动的停止、运动和意见的停止，它们在某种意义上的死亡，这些绝不是恶。现在转而考虑你的生命，你作为一个孩子、一个青年、一个成人和一个老人的生命，因为在这里面每一变化也都是一种死。这是值得害怕的事情吗？现在转而考虑你在你的祖父体内的生命，然后是你在你的母亲体内的生命，你在你的父亲体内的生命，当你发现许多别的差别、变化和毁灭时，问你自己，这事情值得害怕吗？那么，同样，你整个生命的熄灭、停止和改变也绝不是一件需要害怕的事情。

9-22 抓紧时间去考察你自己的支配能力、宇宙的支配能力和你的邻人的支配能力。对于你自己的支配能力，你可以使它正直；对于宇宙的支配能力，你可以记住你是它的一部分；对于邻人的支配能力，你可以认识他是无知还是有知地行动，你也可以考虑他的支配能力是类似于你的。

9-23 由于你自己是一个社会体系的构成部分，你也要让你的每一行为都成为社会生活的一个构成部分。那么，你的所有跟社会目的没有直接或间接关联的不论什么行为，就都会分裂你的生命、打破它的统一，就都有一种叛逆的性质，正像在公共集会上，一个人脱离普遍的协议而我行我素。

9-24 小孩子们的争吵，他们的运动，可怜的携带着死去的身体的精神，一切都是这样。所以，在死者宅第的描绘中所展现的东西，更清楚地映入我们的眼帘。

9-25 洞察一个对象的形式的性质，把它同它的质料部分完全分开，然后沉思它，然后判断时间，即这一特殊形式的事物自然要持续的最长时间。

9-26 当你的支配能力做出它天生要做的事时，你由于对它不满意而忍受了无数的苦恼。但这已经够了。

9-27 当另一个人谴责你或仇恨你时，或者当人们谈论伤害你的事情时，去接近他们可怜的灵魂，深入其中，看他们是什么性质的人。你将发现没有理由因这些人可能对你有这种或那种意见而发生苦恼。无论如何你必须好好待他们,因为他们天生就是你的朋友。神灵在各方面能通过梦、通过征兆帮助他们达到那些他们所重视的事情。

9-28 宇宙的周期运动是同样的,从一个时代到另一个时代往返不已。或者是宇宙的理智力自身运动产生各种各样的效果,如果是这样,你要满足于它活动的结果;或者是它一旦推动,别的一切事物就以一种连续的方式来到;再不就是不可分割的元素是所有事物的根源。——总之,如果有一个神,就一切都好;如果是偶然性统治,你也不要受它的支配。

大地不久就要掩埋我们所有的人,然后这大地也会变化,从变化中产生的事物将继续永远变化,如此循环往复不已。因为如果一个人思考那像波浪一样一个接一个地变化和变形,思考这种变化的迅速性,他将看不起这一切会衰朽的东西。

9-29 宇宙的本原就像一道冬天的激流,它把所有东西都带着和它一起走。但是所有那些介入政治事务却自以为在扮演哲学家角色的可怜的人们是多么无价值啊!还有所有的驱赶者。那么好,人啊,做本性现在所要求的事吧。如果你有力量,就投入行动,不要环顾左右看是否有什么人将注意它,也不要期望柏拉图的理想国。而只是满足于只要最小的事情进行得很好,考虑这样一件事也绝非小事。

因为谁能改变人们的意见呢?不改变意见又怎么能摆脱那种在装作服从时又发出呻吟的奴隶状态呢?现在来给我讲亚历山大、菲力普斯[1]和菲勒内姆的迪米特里厄斯[2]。他们自己将判断他们是否发现了共同本性所要求的事情,因而相应地训练自己。但如果他们行动得像悲剧中的英雄,那么就没有人能谴责我模仿他们。朴素和谦虚是哲学的工作。不要使我偏离到懒惰和骄傲。

9-30 俯视那无数的人群,他们无数的庄严仪式,和无限变化的在风暴或宁静中的航行,俯视那些诞生出来,一起生活,然后死去的人们中的种种差异。也考虑那些过去时代的人们的生命、将在你之后生活的人们的生命、现正在野蛮民族中生活的人们的生命,有多少人甚至不知道你的名字,有多少人将马上忘掉它,考虑那些现在也许在赞扬你的人很快又要谴责你,那么,一种死后的声名就绝无价值,名望亦是,其他亦是。

9-31 让你在来自外部原因的事物的打扰中保持自由吧,让你在根据内在原因所做的事情中保持正义吧,换言之,让你的行为和活动限定于有益社会的行为,因为这符

---

[1] 菲力普斯(Philippus),马其顿霸权的建立者,亚历山大大帝的父亲。
[2] 迪米特里厄斯,参见卷 8-25 注。

合你的本性。

9-32 你能从那些烦扰你的事物中把许多无用的东西从这条路上清除出去，因为它们完全在于你的意见，你将如此为自己得到广阔的空间：通过在你心里思考整个的宇宙，思考永恒的时间，观察每一事物的瞬息万变，观察从生到死的短暂以及在生之前和死之后的时间的无限深渊。

9-33 所有你看到的事物都将迅速地衰朽，那些目击其分解的人们不久也将逝去。活得最长的人将被带到和早夭者同样的地方。

9-34 这些人的指导原则是什么，他们忙碌于何种性质的事情，他们因什么理由喜爱和尊重这些事情？设想你看到了他们的赤裸中的可怜的灵魂。他们以为通过他们的谴责带来了损害或通过他们的赞扬带来了利益时，这是一种多么奇怪的观念啊！

9-35 损失只不过是变化。而宇宙的本性欢喜变化，通过服从于它，所有事物现在都进行得很好，自古以来一直是以类似的方式进行，在无尽的未来也将是如此进行。那么，你说什么呢？难道你说所有事物一直是也将始终是坏的，在如此多的神灵中还没有发现什么力量来修正这些事物，而世界注定要以不停止恶的方式确立吗？

9-36 那为一切事物基础的物质的腐烂！水、灰尘、骨头、垃圾，或者是：大理石——土的硬化；金银——冲积物；衣服——只是一些毛皮；染织的紫袍——血；其他一切也都是同一性质。那具有呼吸本性的一个事物也是具有同样本性的另一个事物，从这一个变化到另一个。

9-37 够了，这种悲惨的生命、呻吟和愚蠢的诡计。你为什么烦恼呢？在这里有什么新的东西没有呢？有什么使人不安的吗？是事物的形式吗？注意它。或者是质料？观察它。而在这些之外一无所有。那么，朝向神吧，现在终于变得更简朴、更好了。我们无论是花一百年还是花三百年考察这些事物，结论都是一样的。

9-38 如果有什么人做了错事，那么损害是对他自己的。但也许他并没有做错事。

9-39 或者是所有东西都来自一个理智的本原，在一个身体中结为一体，那么部分就不应不满于为了整体的利益所做的事情；或者只有原子存在，除了原子的混合与分解别无他物。那你为什么烦恼呢？要对支配的能力说：你已经死了吗？你衰朽了吗，你正在扮演虚伪者的角色吗？你要变成一头野兽吗，你与其他人群集在一起并对他们不满吗？

9-40 神灵要么有力量要么没力量。那么，如果他们没有力量，你为什么向他们祷告呢？而如果他们有力量，你为什么不向他们祷告，祈求给你这种不畏惧任何你所畏惧的事物，或者不欲望任何你所欲望的事物，或不为任何事痛苦的能力呢？而反要祈求这些事发生或不发生呢？因为肯定，如果他们能与人合作，他们也能在这些方面合作。但也许你要说，神灵已把这些能力放在你的力量范围之内。那么好，像一个自由人一样运用在你力量范围内的事物不比以一种奴性和下贱的方式欲望那不在你力量范围内的事物更好吗？谁告诉你说神灵甚至在我们力量范围内的事情上也不帮助我们呢？那么，去为这样的事情祷告吧，正如你所见，当一个人那样祷告：我怎样才能与那个妇人同床共枕呢？而你却要这样祷告：我如何才能使自己不抱这种欲望呢？当别人那样祷告说：我怎样才能不丧失我的幼子呢？而你要如此祷告：我怎样才能做到不害怕失去他呢？总之，要以这样的方式祷告，然后再看看结果。

9-41 伊壁鸠鲁[1]说，我在病中的谈话并不涉及我身

---

[1] 伊壁鸠鲁（公元前341年生于希腊萨摩斯，公元前270年卒于雅典），古希腊哲学家。注重单纯快乐、友谊和隐居的伦理哲学的创始人。他建立的学派从公元前4世纪一直存在到公元4世纪。伊壁鸠鲁的伦理学认为，人的主要目的是快乐。但快乐有两种，一是感官上的"活跃的"快乐，一是"平静的"快乐。在本质上，快乐乃是存在者自身的平衡；只要没有痛苦，这种平衡就存在着。人有两种最大的恐惧，一是对死亡的恐惧，二是对神的恐惧。但只要依靠科学，（转下页）

体的痛苦，我不对拜访我的人谈这一话题，而是继续像先前一样讨论事物的性质，保持着这一主题：心灵在分担可怜的肉体中进行的运动时，怎样免受扰乱、坚持它恰当的善。他说，我不给医生以机会做出一副庄严的神情，仿佛他们正做着什么伟大的事情，而我的生命正平静和幸福地运行。那么，如果你病了，也做他在病中和任何别的场合所做的同样的事吧，因为在任何降病于我们的事情中都绝不可放弃哲学，而所有哲学派别的一个主要原则就是：不同一个无知的人或不谙自然的人做无谓的交谈，而是仅仅注意你现在正做的事情和所用的手段。

9-42 当什么人的无耻行为触犯你时，直接问自己，这世界上没有无耻的人存在是可能的吗？这是不可能的。那么，别要求不可能的事吧。因为这个触犯你的人也是那些必然要在这世界上存在的无耻的人中的一个。当你碰到骗子、背信弃义的人以及一切以某种方式行恶的人时，也使同样的思想在你心中呈现，因为这样你马上可以提醒自己，不存在这种人是不可能的，你将变得对每一个人的态度都更为和善。在这种时候，马上领悟到这一点也是有用

（接上页）就可知道神远在自然界之外，并不会干涉自然和人类，而且人死后，机体消失，灵魂也消失，用不着恐惧。

的：想想自然赋予那对立于一切邪恶行为的人以什么德行。因为自然给了人某种别的力量，作为一种抵制愚蠢的人、疯狂的人以及另一种人的解毒剂。在任何情况下，你都有可能通过劝导迷路的人而纠正他们，因为每个做错事的人都是迷失了他的目标，走上了歧途。此外你还有什么地方被损害了呢？因为你将发现在那些触犯你的人当中，没一个人做了能使你的心灵变坏的事情，而那对你是恶的东西和损害只是在心灵里才有其基础。如果没有受教育的人做出一个无教养的人的行为，那么产生了什么伤害呢？或者有什么值得奇怪呢？考虑一下是否你还不如谴责自己，因为你没有预先就料到这种人会以这种方式犯错误。因为你本来有理智给予的手段去假设他犯这种错误，而你却忘记了使用，还对他所犯的错误感到奇怪。在大多数你谴责一个人是背信弃义或忘恩负义的场合，都可以转而这样责备自己。因为这错误显然是你自己的，你或者是相信了一个有这种倾向的人将遵守他的诺言；或者是你在赐予你的善意时并没有绝对地赐予，也不是以那种你将仅仅从你的行为中获得所有利益的方式赐予，当你为某人做出某种服务时还想得到更多的东西吗？你不满足于你做了符合你本性的事情，而还想寻求对它的酬报吗？就像假如眼睛要求给观看以酬报，脚要求给行走以酬报一样吗？因为这些身体的部分是因为某种特殊目的而造就的,通过按照它们的各自结构工作而获得属于它们自己的东西;所以人也先天就是为仁爱行为而创造的,当他做了仁爱的行为或者别的有助于公共利益的行为时,他就是符合他的结构而行动的,他就得到了属于他自己的东西。

卷十 凝思生命

10-1 哦，我的灵魂，难道你不愿意善良、朴实、纯净、坦白，使这些比将你环绕的身体更为明显吗？你不愿享受一种宽仁和满足的气质吗？你不愿意充实、毫无匮乏、不渴望更多东西、不欲望任何事物（不论是有生命的还是无生命的）以营快乐的享受吗？你也不渴望较长的愉快的时光，不欲望合宜的地方和气候，或者你可以和谐相处的人群吗？但你会满意于你现在的条件，对所有你周围的东西感到欣喜吗？你要使自己相信你拥有一切，相信它们是从神灵那儿来的，相信一切对你都是适合的，相信所有使神灵愉悦的东西都是好的，所有他们为保存完善的生命的存在，为保存善、正义和美而将给予的东西都是好的吗？那完善的生命存在概括和结合了所有事物，包含和囊括了所有那为了别的类似事物的产生而分解的事物。你不愿这样吗，使你和神灵及人们共同生活在一起而全然不抱怨他们，也不被他们谴责？

10-2 就你仅仅被本性支配而言，注意你的本性所要求的，然后接受它，履行它，只要你的本性就你是一个活的存在而言不致损坏。接着你必须观察你的本性就你是一个活的存在而言对你所要求的。所有这些你都可以应允自己，只要你的本性就你是一个理性动物而言不致损坏。但理性动物也因此是一种政治（社会）动物。那么运用这些规则吧，不要使自己为任何别的东西苦恼。

10-3 一切发生的事情都或者是以你天生就是被创造出来忍受它的方式发生，或者是以你并不是天生就被创造来忍受它的方式发生。那么，如果它是以前一种方式发生，不要抱怨，而是以你天生是被创造出来忍受它的态度来忍受它。但如果它是以后一种方式发生，也不要抱怨，因为在它消耗完你之前自己就要消失。然而要记住：你是天生被创造出来忍受这一切的，你要依赖你自己的意见使它们变得可以忍受，通过思考这样做或者是你的利益，或者是你的义务。

10-4 如果一个人错了，那么就和善地指引他，说明他的错误。但如果你不能够，那么就责备你自己，甚或连自己也不责备。

10-5 无论什么事情对你发生，都是在整个万古永恒中就为你预备好的，因果的织机在万古永恒中织着你和与你相关联的事物的线。

10-6 不管宇宙是原子的集合，或者说自然是一体系，首先，要确信我是本性所支配的整体的一部分；其次，我在某种程度上和与我自己同类的其他部分密切关联着。因为要记住这一点，由于我是一个部分，对于一切出于整体而分配给我的事物，我都不会不满意。因为凡是为了整体的利益而存在的，对于部分就不会有害。因为整体不会包含对它无益的东西；一切本性固然都有这个共同的原则，但宇宙的本性此外还有这个原则：它甚至于不能由任何外面的东西迫使它产生任何对它自己有害的东西。因此，由于记住我是这整体的一部分，我就会对所有发生的事情满意了。而由于我和与我自己同类的那些部分在某种程度上密切关联着，我就不会做反社会的事情，而宁愿使自己趋向于我的同类，把我的全部精力用于公共利益，而拒斥与公共利益相反的事情。那么，如果这样做，生活就一定会过得幸福，正像你可以看到的：一个不断做对其他公民有利的事情的人、满足国家指派给他的一切的人，他的生活是幸福的。

10-7 整体的各个部分，我的意思是，自然地包含在宇宙里的一切事物，都必然要毁灭；但是要在这样的意义下来理解毁灭，即它们必定要经历变化。但假如对于各个部分来说，这件事自然地既是一种恶而又是一种必然性，那么整体就不会在一个好的条件下继续存在了,因为它的各个部分都在变化中,并且它们的结构使得它们以不同的方式毁灭。因为究竟是自然自身计划好对那些作为它的部分的事情行恶,从而使它们从属于恶,并且必然地陷入其中呢,还是这些结果发生了而自然并不知道呢?事实上,这些假设都是不可信的。但如果一个人即使不用"自然"这个词(作为一种发生作用的力量),而把上述的事情都说成是自然的,即使是这样,一方面肯定整体的各部分以其本性从属于变化,同时另一方面又觉得惊奇或烦恼,好像有什么违反本性的事情在发生,特别是当事物分解为每一事物由以组成的那些事物时感到烦恼和惊奇,那将是可笑的。因为或者是组合成事物的各元素的分解,或者是由固体到泥土,从气体到气的转变,使这些部分回到宇宙的理性,而这或者是在一定周期内为火所消灭,或者是为永恒的变化所更新。不要想象固体和气体的部分从产生时起就属于你。因为它们所得到的这一切生长,可以说只是昨天和前天由食物和吸进的空气而来的。那么,得到生长、变化的这一切,并不仅仅是你母亲所产生的。但可以设想你母亲所产生的东西是使你在很大程度上与那另外的具有变化特性的部分连在一起,事实上这并不有悖于上面所说的。

10-8 如果你取得了这些名称:善良、谦虚、真诚、理智、镇定、豁达,注意不要改变它们;如果你失去了它们,迅速地找回它们。记住"理智"这个词是要表示对一切个别的事物的一种明辨和摆脱了无知;"镇定"是指自愿地接受共同本性分派给你的事物;"豁达"是指有理智的部分超越肉体的使人愉悦或痛苦的感觉,超越所有那些被称之为名声、死亡之类的可怜事物。那么,如果你要自己保存上述这些名称,而不想由别人来称呼这些名称,你将成为另一个人,进入另一种生活。因为,继续保持你原来的样子,被这样一种生活撕碎和玷污,是一个大傻瓜和过分溺爱自己生命的人才有的品格,就像那些同野兽搏斗的被咬得遍体鳞伤的角斗士,他们虽然满身伤口和血块,还是恳求被养到下一天,虽然他们将在同样的状态中被投给同样的爪子撕扯。所以你要固守这几个名称,如果你能居于它们之中,那就仿佛你回到了某个幸福之岛居住。但如果你察知你脱离了它们,没有把握住它们,那么勇敢地去那你将保有它们的一隅,甚或马上放弃生命,不是在激情中,而是朴实、自愿和谦虚地放弃生命,在做了这件至少在你生命中可赞美的事之后,再如此离开它。然而,如果你记住神,记住他们虽然不愿意被奉承,但希望所有有理性的存在塑造得和他们类似;记住一株无花果树的工作就是做一株无花果树;一只狗的工作就是做一只狗,一只蜜蜂的工作就是做一只蜜蜂,一个人的工作就是做一个人,那么这将会对你大有助益,帮助你记住这些名称。

10-9 滑稽戏[1]、战争、惊奇、呆钝、奴役将每日驱逐你那些神圣的原则。你没有研究自然而想象了多少事物?你忽视了多少事物?那么观察和实践一切事情,同时完善你应对环境的力量,训练思考能力,不炫耀但也不隐藏地保有一种来自对每一个别事物的知识的确信,就成为你的义务。因为你要在什么时候享受简朴,享受庄严,享受一切单个事物的知识呢?那些知识包括:每一事物在实体中是什么,在宇宙中居何地位,它要以这种形式存在多久,它是由什么东西所构成,隶属于谁,谁能给予它和拿走它。

10-10 一只蜘蛛抓住一只苍蝇时是骄傲的;而当另一种动物抓住一只可怜的野兔时,在网里抓住一条鱼时,捕获一头野猪或者熊时,俘虏萨尔马提亚人时,也是骄傲的。如果你考察他们的意见,这些人不是强盗吗?

10-11 使你掌握这种凝思的方式:观察所有的事物是如何互相变化的,始终注意着这种变化,在哲学的这一

---

[1] 滑稽戏,一种罗马舞台剧。

方面训练你自己。因为没有什么东西如此适合于产生豁达。这样的人不关心身体，因为他明白他必须在某个时刻（无人知道多久）离开人世，把一切都留在这儿，他仅注意在他的所有行动中行为正直，而在其他一切发生的事情中则顺从宇宙的本性。而至于别人将怎样说他或想他，或反对他，他甚至没考虑过这个问题，而只是使自己满足于这两件事情：一是满足于在他现在做的事情中行为正直；二是满足于现在分派给他的事物。他搁置了所有分心和忙碌的追求，除此以外别无所欲——通过法走一条笔直的路，通过这条直路追随神。

10-12 既然探讨应当做什么是在你的力量范围之内，多疑的畏惧有何必要呢？如果你看得清楚，满意地走过去而不要折回；如果你看不清楚，停下来询问最好的顾问。但如果有什么别的东西反对你，那么根据你的力量谨慎明智地继续前行，保持那看来是正当的东西。因为达到这一目标是最好的，如果你做不到，也要让你的失败是尝试的失败。在所有事情上遵循理智的人既是宁静的又是积极的，既是欢乐的又是镇定的。

10-13 一从睡眠中苏醒就问自己，如果另一个人做了正义和恰当的事，对你是否将有什么不同。这不会有什么不同。我设想，你没有忘记吧，那些在褒贬别人时态度傲慢的人是怎样的人，他们是在床上或船上的人；你没有忘记吧，没忘记他们所做的、所避开的、所追求的，以及他们如何偷、如何抢，不是用手脚，而是用他们最宝贵的部分。当一个人愿意时，本可以用这一部分产生出忠实、谦虚、真诚、守法和一个好的守护神（幸福）。

10-14 对那给出一切并收回一切的自然，有教养和谦虚的人说，按你的意愿给吧，按你的意愿收回吧。他不是骄傲地这样说，而是怀着忠顺和对自然的欣喜说出这番话。

10-15 你正是风烛残年。像在一座山上一样生活吧。因为如果一个人生活在世界上任何地方都像生活在一个国家（政治团体）中一样，那么住这儿或住那儿对他并没有什么关系。让人们看看，让他们认识一个真正按照本性生活的人。如果他们忍受不了他，让他们杀了他。因为这比像人们如此生活还要好些。

10-16 全然不要再谈论一个高尚的人应当具有的品质，而是要成为这样的人。

10-17 不断地沉思全部时间和整个实体，考虑所有个别的事物对实体来说就像是沧海一粟，对于时间来说就像是螺丝锥的一下转动。

10-18 注意一切存在的事物，观察那已经分解和变化的事物，就像它是在腐朽和消散，或者一切事物都是先天地如此构成以致必然毁灭。

10-19 考虑人们在吃饭、睡觉、生产、娱乐等时候是什么样的人，然后考虑他们在不敬或傲慢，或者居其高位发怒和斥责时是什么样的人。而在不久之前他们是多少人的奴隶，是为了什么事情受人奴役，考虑过一会儿他们又将进入什么状态。

10-20 宇宙的本性带给每一事物的东西都是有利于它们的。当本性带给它们时，那是为了它们的利益。

10-21 "大地喜爱阵雨"，"喜爱神圣的以太"。宇宙喜爱创造无论什么要发生的事物。那么我对宇宙说，我像你喜爱一样喜爱。这不也说了吗，"这种或那种事物喜爱（习惯于）被产生"？

10-22 或是你住在这儿，已经使自己习惯了这里；或是你要离开，这是你自己的意志；或是你要死去，卸下你的义务。而在这些事之外一无所有。那么，好好地欢乐地生活吧。

10-23 让这对你总是明白的；这块陆地跟别的陆地一样，这里所有的事物跟一座山上，或者海边，或者任何你愿去的地方的事物一模一样。因为你将发现正像柏拉图所说的，居于一个城的城墙之内就跟居于山上一个牧人的草棚中一样。

10-24 我的支配能力现在对我是什么呢？我现在正把它塑造成什么性质呢？我现在正为什么目的运用它呢？它缺少理解力吗？它是放荡不羁、跟社会生活没关系吗？它融进和混合着可怜的肉体以致倾向于与它结为一体吗？

10-25 从其主人那里逃走的人是一逃亡者，但现在主人是法，那违反法的人是一逃亡者。那悲叹、愤怒或者畏惧的人也是逃亡者，他因为某些过去或现在或将要产生的事是由所有事物的统治者指派而不满，这统治者就是法，他分派给每人以适合的东西。那么，那悲叹、愤怒或者畏惧的人就是一个逃亡者。

10-26 一个男人放下种子在一个子宫里，然后离去了，另一种本原接着照管它，作用于它，使之成为一个孩子。从这样一种质料中产生了一种什么东西啊！然后，这孩子通过喉咙吃下食物，另一种本原又接着照管它，造出知觉和运动，以及健康的生命、力量和别的东西；有多少人是这样成长，这又是多么奇怪啊！然后观察以这种隐蔽方式造就的事物，观察这种力量正像我们观察那使事物上下运动的力量一样，当然不是用眼睛，但并不因此就不清晰。

10-27 不断地思考所有现存的事物过去也是这样存

在，思考它们在将来也会是同样。使你的眼前呈现同样形式的所有戏剧和舞台，无论它们是从你的经验还是从历史中得知的。例如，哈德良的整个宫廷，安东尼的整个宫廷，还有菲力普斯、亚历山大、克洛伊索斯[1]的整个宫廷；因为所有过去的这些都是我们现在所看到的戏剧，只是换了演员。

10-28 想象一下所有悲叹或不满于一切事物的人，他们就像是一只作为牺牲的猪那样挣扎和叫喊。那在他床上为人们的被束缚而默默哀伤的人，也像这只猪，考虑一下自愿地顺从所发生的事是仅仅给予理性动物的品质，而顺从则是加于所有存在物的一种必然性。

10-29 在你做所有事情的场合，都分别停下来问问自己；是否由于死亡剥夺了你做这事的机会，它就是一件可怕的事情。

10-30 当你因什么人的错误生气时，立刻转向自己，

---

[1] 克洛伊索斯（Croesus），吕底亚（Lydia）的国王，公元前560—前546年在位，以其财富而广为人知，在希腊和波斯文化中，他的名字是富有者的象征。希罗多德《历史》记述了他与梭伦见面时的传说故事，他们讨论了"谁是最幸福的人"。克洛伊索斯保持对吕底亚的统治，直至公元前547年被波斯人击败为止。他的失败对希腊文化产生了重要影响，在希腊人的历法上留下了一个特定的时间点。

想想你自己是否犯过类似的错误,例如,以为金钱是一件好东西,或者快乐、一点名声等是好东西。因为通过注意这些,你将迅速地忘记你的愤怒,如果再加上这一考虑:这个人是被迫的,他怎么能不这样做呢?或者,如果你能够,那么为你解脱压迫吧。

10-31 当你见到苏格拉底派学者萨特隆时,想想尤提切斯或希门;当你见到幼发拉底斯时,想想尤梯切翁或西尔温拉斯;当你见到阿尔西佛隆时,想想特洛珀奥佛勒斯;当你见到色诺芬时,想想克里托或西维勒斯;当你反观自己时,想想任何别的恺撒。[1] 在他们每个人的情况下

---

[1] 萨特隆、尤提切斯、希门等不知何人。
幼发拉底斯曾得到爱比克泰德的称赞。
尤梯切翁(Eutychion)或西尔温拉斯(Silvanus)不知何人。
阿尔西佛隆(Alciphron),希腊修辞学家,编写了虚构的信件集,其中124篇(118篇为完整书信,6篇为断片)得以正式出版。这些作品用纯正的雅典方言写就,被看作此种风格的范型,在雅典广为传播。信件集中虚构的作者有农民、渔夫、食客和交际花,他们用优美的语言在相似的主题上表达自己的感受。
特洛珀奥佛勒斯不知何人。
色诺芬(Xenophon,前431—前355),格里鲁斯(Gryllus)的儿子,是一名战士、文史学家,与苏格拉底同时代,是后者的仰慕者和出色的学生,著有《回忆苏格拉底》《长征记》等。
克里托(Crito),苏格拉底的朋友,曾试图劝苏格拉底逃走,他看来也是色诺芬的朋友。柏拉图的《克里托篇》就是以克里托的名字来命名的一个重要的短篇对话。该对话在苏格拉底与克里托之(转下页)

都是以类似的方式行动的。然后让这一思想出现在你心里：这些人现在都在哪里呢？无处可寻，无人知道。因为通过这样不断的思考，你将把人看作尘土和完全的虚无，特别是如果你同时思考一旦变化的东西绝不会在时间的无限持续中再存在。而你，你的存在占据一个多短的时间呢？你为什么不满足于以一种有秩序的方式通过这一瞬间呢？你在为你的活动避免什么事件和时机呢？所有这些事物，除了在理性细察和深究那发生于生活中的事物的本性时被用来训练理性之外，难道还有什么别的用处吗？那么坚持到你将把这些事物转变成属于你自己的时候为止吧，就像那结实的胃把所有食物变成它自己的一样，像那大火使投入其中的一切东西的火焰和亮光都成为自己的一样。

10-32 让任何人都不能如实地说你不是简朴的或善

（接上页）间展开，主题是正义、不正义和对不正义应有的恰当反应。苏格拉底认为不应当用不正义来回应不正义，并拒绝了克里托为他提供的逃亡资助。这个对话中展示了与政府所缔结的社会契约理论的古典论证。

西维勒斯，参考卷 1-14 注。此处可能指的是逍遥学派的克劳狄·西维勒斯。

恺撒一词一般指盖耶斯·尤利乌斯·恺撒，奥古斯都继承了恺撒的名号，原名盖耶斯·尤利乌斯·恺撒·屋大维，后开创帝制而为罗马第一位元首。"恺撒"遂成为罗马元首（亦作"皇帝"）袭用的头衔。以上说到的每组人，可能都是朋友或同类人的关系。

的，让任何要认为你没有这种品质的人都成为一个说谎者，这些完全是在你的力量范围之内。因为谁能阻止你成为善良朴实的人呢？除非你成为这种人，否则你就只能决定不再生存。因为如果你不是这种人，理性绝不允许你生存。

10-33 对于这一质料（我们的生命），能以最符合理性的方式做或说的事情是什么呢？无论这事情是什么，做它或说它都在你的力量范围之内，不要为你受阻而辩解。你的心灵要进入这样一种状态，你才会停止哀伤，那些享受快乐的人是多么得意，而你的状态却是这种：对于那隶属和呈现于你的事情，按照人的结构去做这些事，因为一个人应当把根据他自己的本性行事是他力所能及这一点看作一种享受。无论他身居何处，这都是在他的力量范围之内。而这种能力却没有给予到处滚动的一个圆筒，也没有给予水、火以及一切别的受自然或无理性灵魂支配的事物，因为阻止它们和挡住它们的东西是很多的。而理智和理性却能顺利地通过一切反对它们的事物，它们是先天就赋有这种能力的，这也是它们所愿意的。总是把这种便利置于眼前，理性据此将顺利通过所有事物，就像火苗上蹿、石头下落、圆筒顺着斜坡往下滚一样，不要再寻求别的。因为所有其他的障碍或者只是影响那无生命的物体，或者只有通过意见和理性自身的放弃，它们才能产生压迫或做出损害；因为如果它们做出了损害，那感受到这损害的人将马上变得悲惨。在一切有某种结构的事物那里，对它们无论发生什么损害，那被如此影响的事物就会因此而处境变坏，而在类似的情况中，可以说，一个人通过正确地运用这些事物却会变得更好和更值得赞扬。最后记住：那不损害到国家的事情，也绝不会损害到真正的公民；那不损害到法（秩序）的事情，也绝不会损害到国家；而被称为不幸事件的这些事物中并无一个损害到法，这样，不损害到法的东西也就绝不会损害到国家或公民。

10-34 对于把握了真正的原则的人来说，甚至最简单的箴言也是足够的。任何普通的箴言都提醒他要摆脱哀伤和畏惧。例如：

"树叶，一些被风在地上驱散的树叶——而这就是人类。"[1]

你的孩子们也是树叶，那些仿佛他们配得上称颂和赞扬的人，或者因相反的诅咒、暗中的谴责和轻蔑而呼号的人，也是树叶。同样，那些将获得名声并把它传到今后的人也是树叶。因为所有这些东西就像诗人所说，是"从春

---

[1] 这句话出自荷马：《伊利亚特》，第6章，第147行。

天产生的"，然后风把它们吹下；然后树木又在它们原先的地方长出新的叶子。所有事物都只有一个短暂的存在，而你却避免和追求所有事物，仿佛它们是永恒的一样。再过一会儿，你就将合上你的眼，那为你上坟的人不久也要被人哀悼。

10-35 健全的眼睛应当看所有可见的事物，而不是只希望看绿色的东西；因为这愿望是一双病眼所要求的。健全的听觉和嗅觉也应当乐意去察觉所有能听到和闻到的东西。健全的胃应当像磨子对待所有它天生要磨的东西一样对待所有食物。所以，健全的理智应当是为所有发生的事情准备的，而这种说法：让我亲爱的孩子活着，让所有人赞扬我做的一切，就如同一双寻求绿色事物的病眼，或一副寻求柔软食物的朽牙一样。

10-36 没有一个人会如此幸运，以致在他临死时身边没有对他的死会感到松快的人。假设他是一个好人、一个智者，最后不也是会有人心里这样说吗：让我们最终摆脱这位老师而自由地呼吸吧，确实，他对我们任何人都不严厉，但我想他是默默地谴责我们。——这就是对一个好人所说的。而在我们的情况中，有多少别的原因使许多人希望摆脱我们。那么，当你临死时你要想到这一点，你要这样思考以较满意地离开：我就要从这样一种生活中离去了，在这种生活中甚至我如此努力地为之谋利、祈祷和关心的同伴也希望我离去，希望也许从中得到一点好处。那么一个人为什么要执着于一种较长的尘世间的逗留呢？然而也不要为此就在离去时对他们态度不和善，而是坚持你自己的品格，友好、仁爱和温柔；另一方面不要做得仿佛你是被拖走的，而是像一个安详地死去的人一样。可怜的灵魂是容易同身体分开的，你同人们的分离也应当是这样，因为自然曾把你与他们联系和结合起来。但现在她分解了这一结合吗？好，我就像从同类中分离一样，无论如何不要推推搡搡地抵抗，而是甘心情愿，因为这也是合乎自然的一件事。

10-37 碰到任何人做什么事都尽可能地使自己习惯于这样问自己：这个人做这件事是为了什么目的？但从你自己开始吧，先考察你自己。

10-38 记住，那操纵你的是隐蔽在内部的：这是信念的力量，这是生命，如果可以这样说的话，也可以说这是人。在思考你自己时绝不要包括那将你围绕的皮囊和那些依附于它的东西。因为它们就像是一把斧子，差别仅在于它们是长在身体上面。由于没有推动和制约它们的本原，这些部分的确不比织工的梭子、作家的笔和牧人的鞭子有更多的用处。

卷十一　与人为善

11-1　理性灵魂有下列性质：它观察自身，分析自身，把自身塑造成它所选择的模样，它自己享受自己的果实——而植物的果实和动物中相应于果实的东西是由别人享受的——它达到自己的目的而不管生命的界限终于何处。它不像在一个舞蹈或一场戏剧或别的类似事物中那样，只要有什么东西打断，整个活动就是不完全的，它是全面的，无论它在哪里停止，它都使置于它之前的东西充分和完整，以致它可以说：我拥有属于我所有的。加之它横贯整个宇宙和周围的虚空，概览它的形式，它使自己伸展到无限的时间之中，囊括和领悟所有事物的时代更替，它领悟到我们的后人将看不到任何新东西，而我们的前人也不比我们见的更多，而是在某种程度上，一个四十岁的人，如果他有完整的理解力，他就通过那君临万物的齐一性看见了所有存在过和将要存在的事物。这也是理性灵魂的一种性质：热爱邻人，热爱真理和谦虚，除了重视那也是法之性质的理性自身，再不重视任何别的东西。这样正确的理性就和正义的理性毫无二致了。

11-2 如果你把一支乐曲分割成一个个的声音,然后对每一个声音自问,你是否被它征服,那样你将对悦人的歌曲、舞蹈和拳击比赛评价颇低。因为你将羞于承认:在舞蹈中,是否你做出的每个动作和姿态都是同样的,在拳击中也是一样。那么,除了德行和有德行的行为,记住对所有事物都使自己注意它们一个个的部分,通过这种划分达到对它们评价颇低,也把这一规则应用于你整个的生活。

11-3 如果一个灵魂随时准备好它必须从身体分离的时刻的到来,准备好:或者毁灭,或者消散,或者继续存在,那么这是一个怎样的灵魂啊!但这种欣然的准备是来自一个人自己的判断,而不是来自仅仅一种基督徒[1]那样的顽固性。这种准备是深思熟虑的、带有尊严的,以一种使别人信服的方式进行,且没有任何悲惨的表情。

11-4 我为普遍利益做过什么事情吗?那么好,我从自身得到了奖赏。让我的心灵总是想到这一点,决不停止行这种善。

11-5 什么是你的技艺?成为善的。而除非通过一些

---

[1]"基督徒"也许是一个后来的注解。

有关宇宙本性的普遍原则和另一些有关人的恰当结构的普遍原则,怎么能好好完成此事呢?

11-6 最初上演的悲剧是作为一种手段提醒人们注意对他们发生的事情,提醒他们:事情如此发生是符合自然的,如果你喜欢那在舞台上展现的事情,你也不会为在更大的舞台上发生的事情苦恼。因为你看到这些事情是必须如此完成的,甚至那些喊出"啊,天啦"[1]的人也忍受了它们。的确,对有些事情戏剧家说得很好,特别是下面的话:

"如果神灵忽视我和我的子孙,

这自然有它的理由。"

以及:

"我们绝不要为发生的事愤怒和焦躁。"

还有:

"生命的果实收割起来就像丰硕的麦穗。"[2]

以及诸如此类的别的说法。

在悲剧之后引进了古老的喜剧,这种喜剧里有一种肆无忌惮的信口开河,但这种说话的坦率有助于提醒人们懂

---

[1] "啊,天啦"(O Cithaeron),见索福克勒斯《俄狄浦斯王》,第1391行。
[2] 这几句引诗可参见卷7-41、卷7-40、卷7-38及其注释,它们来自欧里庇得斯的戏剧。奥勒留反复引证这几句诗(因记忆之差别,引文也有不同),莫非其心里还是有失去数个孩子的隐痛?

得什么是傲慢，因此之故第欧根尼[1]过去也常引用这些作家的话。

至于随后出现的中间时代的喜剧，观察它是什么，再看这一新的喜剧是因什么目的被引进的，它渐渐地流为一种仅仅插科打诨的技巧。每个人都知道：甚至这些作家也说了一些好的话，但这类诗人和剧作家的整个戏剧都是倾向于什么样的目的啊。[2]

11-7 这看来是多么明白啊：没有一种生活条件比你现在碰巧有的条件更适合于哲学。

11-8 从邻枝上切下的一根枝条必定也是从整个树上切下的。所以，一个人若同另一个人分离，他也是同整个社会分离。对于枝条来说，还是另外的东西切下了它，而一个人却是通过自己的行为使他同他的邻人分离——当他憎恨别人和不睬别人的时候。他不知道他同时也使自己与

---

[1] 第欧根尼，著名犬儒派学者，生于约公元前412年，以其粗朴和刚毅而出名。据传第欧根尼就居住在一只大木桶内，白天打着灯笼在街上寻找诚实的人。作为一个苦行主义的身体力行者，他过着乞丐一样的生活，但以自由的世界公民自居，并试图按照自然状态描绘一种理想的生活。

[2] 三个时期的喜剧：早期的老喜剧指的是伯里克利时代以阿里斯托芬为代表的喜剧；中间时代的喜剧指大致在公元前400—前388年之间的喜剧；新喜剧则指雅典臣服于马其顿之后中的喜剧，米兰达是其突出代表。

整个社会体系分开了。但他还是拥有一种肯定来自创造社会的宙斯的特权，因为逐渐地再回到那接近于我们的，再变成有助于合整体的一个部分，这是在我们的力量范围之内。然而，如果这种分离时常发生，对于那分离者来说，被带到统一，回到它先前的状态就要困难了。最后，那最初与树一起生长、迄今一直与树共享一个生命的枝条，并不像那先切下来然后再嫁接上去的枝条，因为后者正像园丁所说，当它与树的其余部分一起生长时，它并不拥有和树同样的心灵。

11-9 正像那些在你按照正确的理性行进时企图阻碍你的人并不能使你偏离自己的正道一样，也不要让他们驱散你对他们的仁爱感情，而只是同样地提防着两件事情：不仅保持自己判断和行为的稳定性，而且和善地对待那些试图阻止否则就给你吃苦头的人。因为，因他们而烦恼，就和由于畏惧而偏离你的行动路线或让步一样，也是一种软弱，因为这两种人，即由于畏惧而这样做的人，和使自己疏远于天生是自己同胞和朋友的人，都是放弃自己的立场。

11-10 没有任何本性低于技艺，因为技艺模仿事物的本性。但如果是这样，那所有本性中最完善和最普遍的本性也就不会缺少技艺。既然所有技艺都是为了更高的技艺而做次等的事，那么宇宙的本性也是这样安排的。的确，正义的根本性也是源于此，别的德行都在正义中有其基础，因为，假如我们关心的是中间的事物（中性的事物），或者容易受骗、轻率和易变，正义也就不能被遵循。

11-11 如果事物不趋向你，对事物的追求和躲避打扰着你，你还是要以某种方式趋向于它们。那么让你对它们的判断进入宁静吧，它们也将保持安静，人们将不会看到你在追求或躲避。

11-12 球状的灵魂保持着它的形象：如果它既不伸展到任何物体，也不向内收缩，不发散也不凝结，而是被光芒照耀，借这种光它看到真理，看到所有事物和它自身的真理。

11-13 假设有什么人蔑视我，让他自己去注意这种蔑视吧。而我要注意的是这一点：人们看到我不会去做或者说应受蔑视的任何事情。有什么人憎恨我吗？让他去注意这憎恨吧。但我要使自己对每个人都和善、仁爱，甚至乐意向恨我者展示他的错误，但不是通过斥责他，也不是做出一种忍耐的样子，而是像伟大的福西昂[1]那样，表现得高贵和诚实，除非他的确顽固不改。因为次等的部分应

---

[1] 福西昂（Phocion，前402—前318），雅典将军和政治家，出身贵族，行为高尚。德摩斯梯尼（Demosthenes，古希腊雄辩家）曾称他"为我们这个时代修枝剪叶"。由于受到错误的指控，他在公元前317年被判处死刑，为其子留下临终遗言："不要怨恨雅典人。"

当是这样，一个人应当让神灵看见自己并非不满或者充满抱怨。如果你现在正做着使你自己的本性愉悦的事情，如果你对此刻适合于宇宙本性的事情感到满意，因为你是放在你的地位上的一个人，以便可以以某种方式做促进共同利益的事情，那么，这对你怎么是恶呢？

11-14 人们相互蔑视，又相互奉承，人们各自希望自己高于别人，又各自匍匐在别人面前。

11-15 那说他决心公正地待你的人是多么不正常和不真诚啊！——人啊，你在做什么？没有必要发出这一通知，它马上就要通过行动来显示。愿望应当明白地表现为你的举止。一个人的品格也是，他直接在他的眼睛里显示它，正像那恋人立即从对方的眼睛里读出一切。诚实和善良的人应当像一朵香味浓郁的鲜花，以致其他人一旦接近他时就知道他的意愿。而矫揉造作的朴实却像一根弯曲的棍子。没有什么比那种豺狼似的友谊（虚伪的友谊）更可耻的了。要尽最大努力避免它。善良、朴实和仁慈都明确无误地在眼睛里展示。

11-16 至于以最善的方式生活，这种力量是在于灵魂，只要它对无关紧要的事物采取漠然的态度。它之能采取漠然的态度，是在于它对每一个这样的事物都看其部分，又看其全体，还在于它记住这些事物中没有哪一个能使我们产生对它的意见,也不会接触我们,这些事物都是始终不动的,是我们自己做出了对它们的判断,我们可以说,是我们自己把它们写在我们心里,因此我们是可以不写它们的,如果偶尔这些判断不知不觉地进入我们心里,我们是可以消灭它们的;还在于我们也记住,这样的念头只会存在一个短时期,届时生命就要结束。此外,这样做有什么困难呢?因为,如果这些事物是合乎自然的,就喜欢它们吧。它们对你就是惬意的;但是,如果是违反自然的,那就去找合于你自己本性的东西,努力追求它,即使它不会带来名誉,因为每个人都是可以去寻求他自己的善的。

11-17 考虑每一事物是从何而来,由什么东西组成,进入什么变化,当它改变时又变成什么性质的事物,它将没有损害地继续存在。

11-18 如果有人冒犯了你,首先考虑:我和人们之间有什么联系,我们是被造出来相互合作的,另外,我是被造出来放在他们之上的,就像一只公羊对羊群,一只公牛对牛群。要从最先的原则来考察这个问题:如果所有事物都不只是原子,那安排所有事物的就是自然;如果是这样,低等的事物就要为高等的事物而存在,而这些高等的事物就要相互合作。

第二,考虑冒犯者他们在饭桌边、在眠床上等地方是什么人,尤其是考虑他们在什么压力下形成意见和行动的,他们做他们所做的事带着何种骄傲。

第三,如果人们是正当地做他们所做的,那我们不应当不愉快;但如果他们做得不正当,那很显然他们这样做是出于无知和不自觉。因为正像每一灵魂都不愿意自己被剥夺真理一样,它也不愿意自己被剥夺按照它的应分对每个人行动的力量。所以,当人们被称为是不正直、背信弃义、贪婪,总之是对邻人行恶的人时,他们是痛苦的。

第四,考虑你也做了许多不正当的事情,你是一个和他们相仿的人,即使你戒除了某些错误,但你还是有犯这些错误的倾向,而且你戒除这些错误,也许或者是出于怯懦,或者是关心名声,或者是出于别的不洁的动机。

第五,考虑你甚至不知道人们是否真的在做不正当的事情,因为许多事情都是由于和某种环绕的关系而做出的。总之,一个人必须学习许多东西,以便他能够对另一个人的行为做出正确的判断。

第六,当你十分烦恼或悲伤时,想一下人的生命只是一瞬,我们都很快就要死去。

第七,那打扰我们的不是人们的行为,因为那些行为的根基是在他们的支配原则中,那打扰我们的是我们自己的意见。那么就先驱除这些意见,坚决地放弃你对一个行为的判断——仿佛它是什么极恶的东西的判断吧，这样你的愤怒就会消失。那么我怎样驱除这些意见呢？通过思考没有哪一个别人的恶行能给你带来耻辱，因为，如果不是只有自作的恶行才是可耻的，你也必然做出许多不正当的事，变成一个强盗或别的什么人。

第八，考虑由这种行为引起的愤怒和烦恼带给我们的痛苦，要比这种行为本身带给我们的痛苦多得多。

第九，考虑一种好的气质是不可征服的，只要它是真实的，而不是一种做作的微笑和半心半意。因为最蛮横的人将会对你做什么呢，只要你对他始终保持一种和善的态度，如果条件允许，你温和地劝导他，平静地在他试图损害你的时候纠正他的错误，你这样说：我的孩子，不要这样，我们被选出来天生是为了别的什么事情的，我将肯定不会受到伤害，而你却要伤害你自己，我的孩子——这样以温和的口吻，用如此的一般原则向他说理，并说明甚至蜜蜂也不会做像他所做的事，更不必说那些天生被造出来合作的动物了。你必须在这样做时不带有任何双重的意义或以斥责的口吻进行，而是柔和的，在你的心灵里没有任何怨恨，不要仿佛你是在对他讲演，仿佛旁观者会给出赞扬，而是当他独自一人的时候，如果别人在场……

记住这九条规则，仿佛它们是你从缪斯那里收到的一个礼物，终于在你活着的时候开始成为一个人。但是你必须同等地避免奉承人们又不因他们而生出烦恼，因为两者都是反社会和导致损害的。在激起你愤怒时，让这一真理出现于你的心中吧：被激情推动是缺乏男子气概的，而和善宽厚由于是人性更欣悦的，它们却更有男子气概，那拥有这些品质的人也拥有力量、精力和勇敢，而那受制于激情和不满的发怒者却不拥有这些。因为一个人的心灵在什么程度上接近于摆脱激情，它也就在同样的程度上更接近力量，正像痛苦的感觉是软弱的一个特征一样，愤怒也是软弱的一个特征。因为那从属于痛苦的人和那屈从于愤怒的人，两者都受到伤害，都是屈服。

但如果你愿意，也要从缪斯们[1]的领袖（阿波罗[2]）那里收到第十个礼物，这就是——希望坏人们不做恶事是发疯，因为希望者欲求一件不可能的事情。而只许坏人对别人行恶，却期望他们不对你做任何恶事，是没有理性和专

---

[1] 缪斯（Muses），古希腊神话中九位古老的女神，她们代表通过传统的音乐和舞蹈、即时的和流传的歌所表达出来的传说。她们是海林肯山的泉水的水仙。因为缪斯作为女神，专司文艺，再加上天生丽质，所以气质非凡。后来人们将奥林匹斯神系中的太阳神阿波罗设立为她们的首领。
[2] 阿波罗（Apollo），古希腊神话中的太阳神，又被奉为路神与航海神。

横的。

11-19 有四种主要的对于优越能力的偏离是你应当始终提防的,当你发现偏离时,你应当消除它们,在每逢这种情况时都这样说:这个思想是不必要的;这种倾向是毁坏社会联合的;你所要说的东西不是来自真正的思想的,因为你应考虑一个人不表达真正的思想是最荒唐的事情之一。而第四要提防的是当你因什么事而使自己丢脸时,因为这种丢脸是一个证据,证明在你内部较神圣的部分屈服和顺从于较不光彩和容易衰朽的部分,即身体和它粗俗的快乐。

11-20 那与你混合的属气和属火的部分,虽然它们天然有一种向上的趋势,但还是服从于宇宙的配置,被挤压在这一混合体(身体)之中。那在你身上属土和属水的部分,虽然它们的趋势是往下的,但也还是被提高,占据了一个并非它们自然就有的位置。这样,这些元素就以这种方式服从这宇宙,因为一旦它们被放在什么地方,它们就必须保持在那儿直到宇宙再发出分解的信号。那么,只有你的理智部分竟然不顺从和不满意于它自己的地位,这不是很奇怪吗?且并没有什么力量强加于它,而仅仅是那些按其本性发生的事情,它却还是不服从,反而转到对立的方向。因为那倾向于不义和放任,倾向于愤怒、悲伤和畏惧的活动不是别的,而只是一个偏离本性的人的行为。当支配能力不满足于发生的事情时也是如此,那么它也就放弃了它的位置,因为它是为了虔诚和同样尊重正义和神灵而被造出来的。因为这些品质也是在满足于事物的结构这一总称下把握的,它们的确先于正义的行为。

11-21 那种在生活中没有一个始终一贯的目标的人,不可能在他的毕生中是统一和一致的。但我所说的若不加上这一点还是不够的:这个目标应当是什么。因为,正像在所有被多数人以这种或那种方式考虑为是善的事物上并没有一致意见,而只是对某些关系到共同利益的事物有一致意见一样,我们也应当在我们的面前放置一个具有共同性质(社会性)和政治性质的目标。因为那使他自己的所有努力均指向这一目标的人,将使他所有的行为都相似,这样就将始终保持一致。

11-22 想想乡村的老鼠和城市的老鼠,想想城里老鼠的恐慌和战栗。[1]

11-23 苏格拉底常常以拉弥亚[2]之名、以吓唬孩子的妖怪之名称呼多数人的意见。

---

[1] 参见贺拉斯:《训诫》,第2节,第6行。
[2] 拉弥亚(Lamia),古希腊罗马神话中半人半蛇的吸血女怪。

11-24 古代斯巴达人在举行公共庆典时常常为陌生人在遮阳棚里安排座位,而他们自己则在无论什么地方坐下。

11-25 苏格拉底向帕迪卡斯[1]解释没有到他那里去的原因,他说,这是因为我不想以最坏的结局去死,也就是说,我不想收到一个赞扬却不能回报。

11-26 在以弗所[2]人的作品中有这一箴言:不断想着以前时代的某一个有德之士。

11-27 毕达哥拉斯嘱咐我们在清晨的时候抬头看天,这会提醒我们想起那些始终做同样的事情、以同样的方式去做它们的工作的物体,也会使我们想起它们的纯洁和坦诚。因为在星球之上没有罪恶。

11-28 想一想苏格拉底在赞蒂帕[3]拿走了他的外套,

---

[1] 帕迪卡斯,参考卷4-33注。亚历山大大帝的诸将军之一。公元前323年,亚历山大去世之后,他作为摄政者执掌了整个亚历山大帝国。一说是他的儿子曾邀苏格拉底去马其顿。
[2] 以弗所,居罗马帝国小亚细亚西南岸,爱琴海之南的商业中心之一,与东南的亚历山大港同为地中海贸易枢纽。因其优越的地理位置,罗马将它作为亚细亚的首府。城中希腊女神阿耳弥斯神庙(the temple of Artemis),是世界七大奇观之一。传说庙内女神像是从天上掉下来的,以弗所的居民就以神像的看管者自居,故本城亦被称为"守庙之城"。
[3] 赞蒂帕(Xanthippe),苏格拉底之妻,传说她比苏格拉底年(转下页)

他就给自己裹上一件毛皮时,他是什么样的人;以及当他的朋友看见他如此穿着为他害羞并离开他时,他对他们是怎么说的。

11-29 在你亲自学习服从规则之前,你绝不可能在写作或阅读中为别人立下什么规则。在生活中就更是如此。

11-30 你是一个奴隶:自由的言谈不是适于你的。

11-31 ——我的心在里面欢笑。[1]

11-32 他们将谴责德行,说出严苛的字眼。[2]

11-33 在冬天寻找无花果是一个疯人的行为,那在不再被允许的时候寻求他儿子的人也是如此。[3]

11-34 爱比克泰德说,当一个人吻他的孩子时,他应当自言自语:"明天也许他就要死去。"但这是一些凶兆之词。——"那表示自然的活动的词没有一个是凶兆之词,"爱比克泰德说,"或者如果它是的话,它也只不过是那种跟说麦穗的收割一样的凶兆之词。"[4]

(接上页)轻得多,可能相差四十岁。她以其泼辣凶悍而闻名,曾在经过某次争执后,向苏格拉底泼水,苏格拉底则说:"雷鸣之后,通常都会下雨。"但上述事未见有记载。

[1] 赫西俄德:《工作与农时》,第185行。
[2] 爱比克泰德:《谈话录》,第3卷,第24章。
[3] 出处同上。
[4] 出处同上。

11-35 未熟的葡萄、成熟的和干枯了的葡萄，所有这些都是变化，不是变为虚无，而是变为尚未存在的什么东西。[1]

11-36 没有任何人能夺走我们的自由意志。[2]

11-37 爱比克泰德也说：一个人必须发现表示他的同意态度的艺术（或规则），在涉及他的活动时，他必须注意使活动参照环境做出，满足社会利益，尊重目标的价值；对于感官欲望，他应当完全摆脱它们，至于回避（厌恶），他不对任何非我们力量之内的事情表现这种态度。

11-38 他说，既然如此，那么所争论的就不是通常的问题，而是有关疯了还是没疯的问题。

11-39 苏格拉底常常说，你想要什么？是有理性的人的灵魂还是无理性的人的灵魂？——有理性的人的灵魂。——有理性的人中的什么灵魂呢？健全的还是畸形的灵魂？——健全的。——那么你为什么不寻求它们呢？——因为我们有了它们。——那你们为什么还争斗和吵闹呢？

---

[1] 爱比克泰德：《谈话录》，第3卷，第24章。
[2] 出处同上。

卷十二 优雅退场

12-1 所有那些希望通过迂回的道路达到的事物，你现在就可以得到它们，只要你自己不拒绝它们。这意味着，只要你丝毫不注意整个过去，把未来也信赖地交给神意，而仅仅使自己的现在符合于虔诚和正义。符合虔诚就是说你可以满足于分配给你的命运，因为自然是为你分配的，你是适合它的。符合正义就是说，你可以始终坦白、无掩饰地说出真理，根据每一事物的价值做与法一致的事情。绝不要让别人的邪恶阻挠你，不要让意见或声音阻挠你，也不要让你可怜的肉体的感觉阻挠你，因为那将由消极的部分来照管它。那么，如果你在临近死亡的不论什么时刻，你都忽视别的一切而只尊重你的支配能力和你心中的神性；如果你的畏惧不是因为你在某个时候必须结束生命，而是害怕你从未开始过合乎本性的生活，那么你将是一个配得上产生你的宇宙的人，你将对于你的家乡来说不再是一个异乡人，不再好奇于那每日发生的仿佛是未料到的事情，也不再依赖于这一或那一事物。

12-2 神注视所有人的去掉了质料、罩衣、外壳和杂物的心灵（支配原则）。因为他只用他的理智部分来接触那只是从他自身获得并流入这些身体中的理智。如果你也使自己这样做，你将摆脱你的许多苦恼。因为对那将他包裹的可怜身体不予关心的人，肯定不会因为追求衣服、居室、名声以及类似的外表和装饰而苦恼。

12-3 你是由三种东西组成的：一个小小的身体、一点微弱的呼吸（生命），还有理智。前两种东西属于你是仅就照管它们是你的义务而言；而只有第三种东西才真正是你的。因此，如果你使自己，也就是说使你的理智同这些事情分开——不管别人做或说了什么，不管你自己做或说了什么，不管将来可能发生什么事情使你苦恼，不管在将你包裹的身体中，或者在天生与身体结合在一起的呼吸（生命）中，有什么东西违背你的意志而附着于你，不管那外部缠绕的事物旋涡是如何旋转，为了使免除了命运束缚的理智力自身能纯粹和自由地活动，那么去做正当的事、接受发生的事和诵出真理吧，我说，如果你使这种支配能力脱离开那些通过感官印象而附着于它的事物，脱离开那些未来的和过去的事物,你就将使自己像恩培多克勒[1]的球体一样:"浑圆无缺,在它欢乐的静止中安息。"

如果你仅仅努力过好那真正属于你的生活即现在的生活,那么你就能这样度过你所剩的那一部分生命直到你去世:不受烦扰,高贵,顺从你自己的神(在你内心的神)。

12-4 我常常觉得这是多么奇怪啊:每个人爱自己都超过爱所有其他人,但他重视别人关于他自己的意见,却更甚于重视自己关于自己的意见。那么如果一个神或一个明智的教师竟然来到一个人面前,命令他只是思考和计划那些他一旦想到就要说出来的念头,那他甚至一天也不能忍受。所以我们对我们的邻人将怎样想我们,比我们将怎样想自己要重视得多。

12-5 这怎么可能呢,对人类仁慈的神灵在把所有事物安排好之后,单单忽视了这一件事:某些很好的人,我们可以说,某些与神意最相通的人,通过他们虔诚的行为和严格的服从而与神意最亲近的人,当他们一旦辞世,却绝不会再存在,而是完全地消失?

---

[1] 恩培多克勒(Empedocles,约前490—前430),古希腊哲学家、政治家、诗人、宗教教师和生理学家。他认为一切物质由四种主要成分(火、空气、水、土)构成,有两个力量,即爱和斗争,它们相互作用,使四重物质结合与分散。

但如果事实上正是这样,那么你要相信如果不应当这样,神灵本来是不会这样做的。因为凡正当的事情也都是可能的;凡符合自然的事情,自然也就会使它产生。但因为这事并不是正当和符合自然的,如果事实上的确不是这样,你就要深信它不应当是这样了。——因为你看到,甚至你自己也是在这种探究中与神争论,我们不应当如此与神争论,除非他们是太优秀和太公正了(以致容忍我们)。——但如果是这样,他们将不允许宇宙秩序中的任何事物被不公正和没道理地忽视。

12-6 甚至在你无望完成的事情中也要训练自己。因为,即使在所有别的事情上不太擅长的左手握起缰绳来也要比右手更有力,因为它一直受这种训练。

12-7 考虑一个人在他被死亡追上的时候应当处在什么样的身体和心灵状态中;考虑生命的短暂,过去和未来的无尽的时间深渊,以及所有物质的脆弱。

12-8 剥去事物的外壳而沉思它们形成的原则(形式),沉思行为的目的,考虑什么是痛苦;什么是快乐;什么是死亡;什么是名声。对他自己来说,谁是他不安的原因;为什么一个人不可能被另一个人阻碍;考虑一切都是意见。

12-9 在运用你的原则时你必须像一个拳击选手而不

是像一个角斗士,因为后者落下他用的剑而被杀,而前者总是用他的手,除了用手不需要用任何别的东西。

12-10 明察事物本身,把它分为质料、形式和目的。

12-11 一个有力者必须仅仅做神灵将赞赏的事情,接受神给他的所有东西。

12-12 对于合乎自然发生的事情,我们绝不应当责备神灵,因为他们没有自觉或不自觉地做任何错事;也不应当责备人们,因为他们只是不自觉地做了错事。所以我们不应有任何责备。

12-13 对生活中发生的事情感到奇怪的人是多么可笑和奇怪啊!

12-14 或者是有一种命定的必然性和不可更改的秩序;或者是有一种和善的神意;或者是有一种无目的、无指导的混乱(卷4-27)。那么,如果有一种不可改变的必然性,你为什么还要抵抗呢?而如果有一愿意接受好意的神,那么使你自己配得上神的帮助吧。但如果存在一种没有统治者的混乱,那么满足于你在这种动乱中自身有一种支配的理性吧。即使这动乱把你带走,让它带走可怜的肉体、可怜的呼吸和别的一切,至少理智它是带不走的。

12-15 灯光照耀着,不到它熄灭不会失去它的光芒,而在你心中的真理、正义和节制却要在你死之前就熄灭吗?

12-16 当一个人表现得像是在做什么恶事的时候，我怎么知道这就一定是一件恶事呢？即使他的确做了恶事，我又怎么知道他没有责备过他自己呢？因为这就像破坏他自己的面容。想想那不让恶人做恶事的人，他就像不许无花果树结果，不准婴儿哭啼、马嘶叫，不准别的必然出现的事物出现的人一样。一个有这种品质的人为什么必须这样做呢？那么如果你是易怒的，纠正你的气质吧。

12-17 如果这是不对的，不要做它，如果这是不真实的，不要谈它。因为你要这样努力——

12-18 在一切事物中总是观察那对你作为一种现象产生的事物是什么，通过把它划分的形式、质料、目的以及它必须持续的时间来解决这问题。

12-19 最终要领悟到在你心中有一种比那些引起各种效果、似乎在用线拉着你的事物更好更神圣的东西。而现在你心里有什么呢？是恐惧、怀疑、欲望，还是别的此类东西？

12-20 首先，不要不加考虑地做任何事情，不要没有目的。其次，使你的行为仅仅指向一个社会的目的。

12-21 考虑不久以前你还没有身体、无踪无影，你现在看到的一些事物、现在生活的一些人也不存在。因为所有事物按其本性是天生要变化、扭转和衰朽的，以便在连续的系列中的别的事物可以出现。

12-22　考虑一切都是意见，意见是在你的力量范围之内。那么，当你决定的时候，驱除你的意见，就像一支绕过岬角的舰队，你将发现一个平静、稳定、没有风浪的海湾。

12-23　任何一种活动，无论它可能是什么，当它在它恰当的时间停止时，它并非遭受到不幸，因为它已停止了；做出这一活动的人也并非遭受到不幸，因为这一活动已经停止。那么同样，由所有这种行为组成的整体，亦即我们的生命，如果它在它恰当的时候停止，因为它已经停止，所以也并非遭受到不幸。如果一个受到虐待的人在恰当的时候结束这一过程，他也就没有受到痛苦。而恰当的时间和界限是由本性来确定的，有时像年迈而终的事情是由人的特殊本性来确定，但通过其部分的变化使整个宇宙总是保持青春和完美，则总是由宇宙的本性来决定的。对于宇宙有用的一切始终是好的和合乎时宜的。因此生命的终结对每个人都不是恶，因为它绝不是耻辱，这是由于它不依赖于意志也不对立于普遍利益，而且这还是件好事，因为它对宇宙来说是合乎时宜的和有利的，是跟宇宙一致的。因为，那在他心里和神以同样的方式运动、朝着同样的事物的人，他也是在被神推动。

12-24 你必须预备好这三条原则。第一，在我做的事情里，不要做任何或者是不加考虑，或者是违背正义的事情，而对于那可能从外部对你发生的事情，考虑它或者是偶然或者是按照神意发生的，你绝不能谴责这偶然或神意。第二，考虑每一存在从种子到它接受一个灵魂这段时间里是什么；从接受灵魂到给回灵魂这段时间里又是什么；考虑每一存在是由什么东西构成的，它又分解成什么东西。第三，如果你竟然突然被提升到大地之上，你应当俯视人类，观察他们的差别有多大，同时也瞥一眼居于四周空气和以太中的存在有多少；经常像你被提升那样思考，你就将看到同样的事物、形式的相同和持续的短暂。难道这些事物值得骄傲吗？

12-25 抛弃意见，你将得救。那么谁阻止你这样做呢？

12-26 当你因为什么事苦恼时，你忘记了这一点：所有事物都是按照宇宙的本性发生的；你忘记了：一个人的邪恶行为接触不到你；你还忘记了：现在发生的一切，过去是如此发生，将来也如此发生，现在也在各个地方如此发生；你也忘记了：一个人和整个人类之间的亲缘关系是多么紧密，因为这是一种共有，不是一点点血或种子的共有，而是理智的共有；你还忘记了：每个人的理智都是一个神,都是神性的一种流溢;你忘记了:没有什么东西是人自己的,他的孩子、他的身体以至他的灵魂都是来自神的;你也忘记了:一切都是意见;最后你还忘记了:每个人都仅仅生活在现在,丧失的也只是现在。

12-27 不断地回忆那些经常诉苦的人,那些由于最大的名声或最大的不幸,或仇恨,或任何一种最大幸运而非常引人注目的人,然后想想他们现在到哪里去了呢?他们已化为尘土和传说,甚至连传说也够不上。让这一类事情也都出现在你的心里,曾住在乡村别墅的法比阿斯·卡特利卢斯[1]现在怎样了,在他的花园里的卢修斯·卢柏斯[2]、

---

[1] 法比阿斯·卡特利卢斯(Fabius Catullinus),全名为"Quintus Fabius Catullinus",公元130年罗马行政官盖维厄斯·克劳狄·斯奎拉(Gavius Claudius Squilla)下台后,他被元老院选为继任者。136年,由于对西西里的征战获胜,他再次当选为罗马行政官。142年在第三次竞选中败北。
[2] 卢修斯·卢柏斯,可能是"Lucius Cornelius Lentulus Lupus",在公元前131年担任罗马元老院的首席元老,即领导人。

在拜依阿[1]的斯德丁尼阿斯[2]、在卡普里[3]的提比略[4]和维留斯·鲁弗斯[5]（或维利亚[6]的鲁弗斯）现在怎么样了。若好好想想对所有人们引以为骄傲的事物的热烈追求，人们竭力追逐的一切是多么无价值啊，而对一个人来说，在提供给他的机会中展示出自己的正直、节制，忠实于神，并且非常朴实地这样做是多么贤明啊！而为最不值得骄傲的事

---

[1] 拜依阿（Baiae），现位于意大利坎帕尼亚行政区，那不勒斯海湾。以其海边胜景而闻名，尤其以末期罗马共和国时代的风景而引人注目。
[2] 斯德丁尼阿斯（Gaius Stertinius Xenophon，约前10—公元54），著名医生，在古代文献中常被简称为色诺芬（Xenophon），曾进入罗马朱莉诺-克劳狄王朝第四任皇帝克劳狄（Claudius）的宫廷担任皇帝的私人医生。他留名史册主要是因为曾被怀疑是毒杀克劳狄的参与者和合谋者之一。他生活富有，在罗马七丘之一的西莲山（Caelian Hill）拥有一栋庄园。他的具体死因已不可考，估计和克劳狄的离奇身亡有关联。
[3] 卡普里（Caperae），常作"Capri"，意大利南部岛屿，位于那不勒斯湾的南部边界。自古罗马时代以来就是一个度假胜地，以蓝色洞穴而闻名。
[4] 提比略（Tiberius Claudius Nero Caesar，前42—公元37，14—37年在位），被奥古斯都选为王位继承人，生性多疑，为第二任罗马皇帝。在那不勒斯旁边的卡普里度过了奢侈放纵、忘却帝国责任的余生。
[5] 维留斯·鲁弗斯（Velius Rufus），奥勒留和其继任者康茂德的得力助手。
[6] 维利亚（Velia），伊利亚（Elea）古城的意大利语名字，坐落在萨勒诺和坎帕尼亚所辖之地。因其是著名哲学家巴门尼德和伊利亚的芝诺的家乡而出名，还是伊利亚学派的所在之地。

情骄傲则是所有事情中最难堪的。

12-28 有些人问：你在哪儿见过神？或你怎么知道他们存在并如此崇拜他们呢？对于他们，我回答说，首先，他们甚至可以用肉眼看见；[1]其次，我甚至没见过我自己的灵魂，但还是尊重它。那么对于神，我是从我对他们力量的不断体验中领悟到他们的存在并崇拜他们的。

12-29 生命的保障在于：彻底地考察一切事物；它本身是什么，它的质料是什么，它的形式是什么；以你的全部灵魂去行正义，诵真理。我们除了通过把一件好事跟另一件好事联系起来，以致中间不留下哪怕最小的空隙来享受生命之外，还有什么别的办法呢？

12-30 有一阳光，虽然它被墙壁、山峰和无数别的东西隔断。有一共同的实体，虽然它分布在无数具有各自特性的物体之中。有一灵魂，虽然它分布在无数的本性和个别的限制物（或个体）之中。有一理智的灵魂，虽然它看来也被划分了。那么，在刚刚提到的这些事物中，所有别的部分——像那些大气的和物质的部分——是没有感觉没有情谊的，但理性本原甚至把这些部分也结合到一起，吸

---

[1] "对于他们，我回答说，首先，他们甚至可以用肉眼看见"，这也许可归因于斯多亚派的这一信念：天体是神圣的。

引为同一。至于理智,则是以一种特殊方式趋向于它的同类的,它与之结合,这种相通的情感是割不断的。

12-31 你希望什么?继续存在吗?好,你希望有感觉吗?希望有运动和生长?然后再停止生长?希望谈话?思考?所有这些事情在你看来有什么值得欲望呢?但如果低估所有这些事物的价值是容易的,转向剩下的事情,那就是遵从理性和神。但因上述事情苦恼是与尊重理性和神不一致的,因为死亡将从一个人那里夺走别的东西。

12-32 分给每个人的是无尽的、不可测的时间中多么少的一部分!它立刻就被永恒吞噬了。还有,分给每个人的是整个实体的多么小的一部分!是普遍灵魂的多么小的一部分!你匍匐在上面的是整个大地多么小的一块土壤!想到这一切,就要认定:除了按照你的本性引导你的去做,以及忍受共同本性带给你的东西之外,就没有伟大的事情了。

12-33 支配的能力是怎样运用自身的呢?因为一切都基于此。而其他的一切,不管在不在你意志力的范围之内,都只是死灰和烟尘。

12-34 这种思考最适于使我们蔑视死亡,甚至那些认为快乐是善、痛苦是恶的人也曾蔑视过它。

12-35 一个人,如果对于他只有那在适当时机来临的才是善,他做出较多或较少的合乎正当理性的行为对他乃是同样的,他有较长或较短时间来沉思这个世界对他亦没有什么不同——那么,对这个人来说,死亡也就不是一件可怕的事情了。

12-36 人啊,你一直是这个伟大国家(世界)里的一个公民,五年(或三年)会对你有什么不同呢?因为与法相合的事情对一切都是公正的。如果没有暴君也没有不公正的法官把你从国家中打发走,把你打发走的只是送你进来的自然,那么这又有什么困苦可言呢?这正像一个执法官曾雇用一名演员,现在把他辞退让他离开舞台一样。——"可是我还没有演完五幕,而只演了三幕。"——你说的对,但是在人生中三幕就是全剧,因为怎样才是一出完全的戏剧,这决定于那个先前曾是构成这个戏的原因、现在又是解散这出戏的原因的人,可是你却两方面的原因都不是。那么满意地退场吧,因为那解除你职责的人也是满意的。

主题索引

说明:"-"之前为卷数,之后是节数。词条按音序排列。

抱怨的无用 8-17,8-50

悲观主义 9-35

悲剧 11-6

本性的完美 3-2,6-36

变化并不是恶 4-32

 变化的定律 4-3,4-36,5-13,5-23,6-4,6-15,6-36,7-18,8-6,9-19,9-28,9-35,10-7,10-18,12-21

 变化使世界常新 7-25,8-50,12-23

病中的行为 9-41

不必要的东西 5-15

不必要的思想、言语和行动 3-4,4-24

不对任何发生的事感到惊奇 7-1,8-15

不损害国家的事情也不会损害到公民 5-22,10-33

不要看重别人的意见 8-1,10-2,10-8,11-13,12-4

不要看重感性的运动 5-31,7-55

不要看重现象 5-36,6-3,6-13

不要去打探别人的行为 3-4,4-18,5-25

不自然的举止 7-60,8-30,11-18,11-19

尘世的不重要 3-10,4-3,6-36,8-21,12-32

从好人那里接受劝告 6-21,8-16

丑 2-1

对大自然的尊重 5-4,6-23,9-9

对于不可能实现的事情的身体力行,也是好的 12-6

恶 2-1

 恶行不可能真正伤害任何人 7-22,8-55,9-42,10-13,11-18

 恶行不可使其蔓延 7-29,9-20

 恶行害己 4-26,9-4,9-38,

241

11-18

恶行是由于无知 2-1，2-13，6-27，7-22，7-26，7-62，7-63，11-18，12-12

法统治一切 1-14，7-31

愤怒的无用 5-28，8-4

愤怒引起的犯罪 2-10

分心 2-2，3-5，3-12，4-3，4-32，8-1，10-11

奉承 11-18

服从和满意 3-4，3-16，4-23，4-31，4-33，4-34，5-8，5-33，6-16，6-44，6-49，7-27，7-57，9-37，10-1，10-2，10-14，10-25，10-28，10-35

改造应该从我们自身开始 11-29

公民团体 3-7

好好度过生命，时不我待 2-4，3-1，3-14，4-17，4-37，7-56，10-31，12-1

坏人也享受快乐 6-34，9-1

基督徒 11-3

激情 1-9，1-16，2-13，3-4，6-16，8-48，10-8，11-18

坚定 1-8，1-14，1-16，2-5，4-32，5-12，5-18，6-10，6-30，7-2，7-61

君王之德 1-16，6-30

恐惧 4-49，6-57，8-45，12-19

宽宏大度 10-8

宽容冒犯者的十条原则 11-18

冷淡的事物 2-2，4-1，4-39，6-32

理性存在物有相同的智慧灵魂 4-4，4-8，4-9，10-1，12-26，12-30

理性灵魂的球状形式 8-41，11-12，12-3

理性能使一切发生的事情有益 5-20，6-8，7-68，8-35，10-31

理性无敌 5-32，6-1，6-40

理性与自然一致 7-2

灵魂的宁静 4-3，4-50，5-24，9-32，12-7，12-32

罗马人 2-5，3-14

美 2-1

美德是对自身的奖励 5-6，7-73，9-42，11-4

名声的无用 3-10，4-3，4-19，4-33，5-33，6-16，6-18，7-34，8-1，8-44，9-30

命运 1-17，2-2，2-3，2-17，3-2，

3-4，3-5，3-11，3-16，4-26，
5-8，5-24，7-57，7-36，10-5
凝思美德的快乐 6-48
普遍实体 4-40，5-24，7-19，
7-23，12-30
祈祷的正确方式 5-7，9-40
扰乱 6-16，7-58，9-31
人不免一死，并将迅速被人们遗忘 3-3，4-32，4-33，4-48，4-50，6-24，6-47，8-25，8-31，8-37，10-31，12-27
人的社会本性 5-30，9-9
人由自然产生，要接受对他发生的一切 5-18，8-46
人真正拥有的只是现在 2-14，3-10，8-44，12-3
人类的忘恩负义 10-36
人类的愚蠢和虚妄 4-3，4-29，5-10，10-15，10-19
人类合作和人们之间的伙伴关系 2-1，2-16，3-2，3-4，4-4，4-33，5-16，5-20，6-7，6-14，6-23，6-39，7-5，7-13，7-22，7-55，8-12，8-26，8-34，8-43，8-59，9-1，9-23，9-31，9-42，10-36，11-8，11-21，12-20

肉体 2-2，5-26，5-33，7-66，8-56，9-41，10-8，10-24，11-1，12-14
善 2-1
舍弃快乐并不带来后悔 8-10
神 6-44，12-28
　神不可能是恶 2-3，6-44
　神的完美正义 12-5
神灵 2-13，2-17，3-6，3-7，3-16，5-10，5-27，12-3
什么是在所有人能力范围内能达到的 7-67，8-8
生命不在长短 4-33，6-49，7-36
　生命的短暂 2-4，2-17，3-10，3-14，4-17，4-48，4-50，6-15
　生命只有一次 2-14，10-13
失败 10-12
时间的无限性 4-3，4-50，5-24，9-32，12-7，12-32
　时间与河流的比较 4-43
世界公民 3-11，6-44，12-36
世俗事物的过渡性质 2-12，2-17，4-32，4-33，4-35，4-48，5-23，6-15，6-36，7-21，7-34，8-21，8-25，10-18，10-31
世俗事物的无用 2-12，5-10，

5-33，6-15，7-3，9-24，9-36，11-2，12-27

死亡 2-2，2-12，2-17，3-3，3-7，4-5，5-33，6-2，6-24，6-28，7-32，8-20，8-58，9-3，9-21，10-36，12-23，12-34，12-35

 死亡不可避免 3-3，4-3，4-6，4-32，4-48，4-50，5-33，6-47，8-25，8-31

思想的习惯 5-16

所有发生的事物都不与宇宙的本性相悖 5-8，5-10，6-9，6-58，8-5，12-26

所有事物都如过眼云烟 4-33

所有消失的事物都仍在宇宙之中 8-18，8-50，10-7

太阳底下没有新事 2-14，4-44，6-37，6-46，7-1，7-49，8-6，9-14，10-27，11-1

痛苦 7-33，7-64，8-28

退隐自我 4-3，7-28，7-33，7-59，8-48

外在事物不可能真正伤害一个人或者影响灵魂 2-2，4-3，4-8，4-39，4-49，5-35，7-64，8-1，8-32，8-51，9-31，10-33

维护整体的完整性 5-8

我们必须依据本性而生活 4-48，4-51，5-3，5-25，6-16，7-15，7-55，8-1，8-54，10-33

我们不能期望别人做违反他们本性的事情 9-42

我们不能支配的事物 5-33，6-41

我们不应当焦虑未来 7-8，8-36，12-1

我们能够支配的事物 5-5，5-10，6-32，6-41，6-52，6-58，7-2，7-14，7-54，7-68，10-32，10-33

我们要对别人宽和 2-13，3-2，4-3，5-33，6-20，6-27，7-26，7-62，7-63，7-70，9-11，9-27，10-4，11-9，11-13，11-18，12-16

我们应当畏惧什么 12-1

我们应当自我反省 10-30，11-18

我们应该考察他人的支配原则 4-38，9-18，9-22，9-27，9-34

我们应该始终依据某种目标而行动 2-7，2-16，3-4，4-2，8-17，10-37，11-21，12-20

无理智的事物 5-10

喜剧 11-6

邪恶自古有之 7-1

形式与质料 4-21，5-13，7-10，7-29，9-25，12-8，12-10，12-18

行重于言 10-16，11-15

意见 4-3，4-7，4-12，4-39，6-52，6-57，7-2，7-14，7-16，7-26，7-68，8-14，8-29，8-40，8-47，8-49，9-13，9-29，9-32，9-42，10-3，11-16，11-18，12-22，12-25

一日之始 2-1，5-1

义务的绝对重要性 6-2，6-22，10-22

一种好的生活在哪里都是可能的 5-16

一种有德和幸福的生活只需很少的事情 2-5，3-10，7-67，10-8

欲望操纵的傀儡 2-2，3-16，6-16，6-28，7-3，7-29，12-19

欲望引起的犯罪 2-10

宇宙的和谐 4-27，4-45，5-8

宇宙的疑问 6-10，7-75，9-28，9-39，12-5，12-14

宇宙万物之间的密切联系和合作 2-3，2-9，4-29，5-8，5-30，6-38，6-42，6-43，7-9，7-19，7-68，8-7，9-1，10-1

运用说服 6-50

在这个世界里不要期望完美 9-29

在自然的产物之后 3-2，6-36

赞扬的无价值 3-4，4-20，6-16，6-28，7-3，7-29，12-19

哲学 5-9，6-12，9-41

真实事物的价值和重要性 4-33，5-10，6-16，6-30，6-47，7-20，7-44，7-46，7-58，7-66，8-2，8-3，8-5，9-6，9-12，10-2，10-8，11-18

真正的幸福 5-9，5-34，8-1，10-33

真正的英雄主义 11-18

整体与个人的利益一致 4-23,5-8,6-45,10-6,10-20,10-33,12-23

正义 5-34,10-2,11-10

    正义无敌 4-10

    正义与理性一致 11-1

制怒 1-1,6-26,6-27,11-18

支配部分 2-2,4-1,5-2,5-19,5-21,5-26,6-14,6-35,7-16,7-55,8-45,8-48,8-50,8-57,8-60,8-61,9-15,9-26,10-24,10-33,10-38,11-1,11-19,11-20,12-2,12-14

注意只要是由于本性而发生的,就不是罪恶 2-17,6-33

追求快乐的人是不敬神的 9-1

注意所言所行 6-53,7-4,7-30,8-22

    自立和灵魂的坚定 3-5,3-12,4-2,4-29,4-49,5-3,5-34,6-44,7-12,7-15,9-28,9-29,12-14

自制 5-33

自然的界限 5-1

自杀 5-29,8-47,10-8

自我保持 5-9,10-12

最坏的恶 9-2

最佳的报复方式 6-6

尊重平等自由的王者之道 1-14

译后记

何怀宏

我开始翻译马可·奥勒留的《沉思录》是在1987年11月,那是我的祖母刚去世的日子,她不识字,一生的主要生活范围只是在方圆数十里之内,认识的人大概也不过百人,却拥有一颗纯朴博爱的心和一种独特的人生智慧,所以,尽管她是以九十多岁高龄辞世,亲友们心里还是有一种久久的沉痛。

翻译《沉思录》渐渐抚平了我心中的悲伤,也使我更深地意识到,德行比知识更可贵,或者说,有一种知识即德行,而这种知识主要不是在书本。翻译是一种细读。而后来我也时常回到这本书,翻阅其中的段落。无论是社会的风波还是个人的不幸,我都能从中读到一些让我的心灵沉静下来而继续努力的句子。它像一个忠实的老朋友,从来没有让我失望过。

在我第一次编写这本书的日子里,四川发生了汶川大地震。而在我再次修订这本书的时候,四川又发生了雅安地震。在这些动荡不安的时刻,《沉思录》给了我很大的安慰。而我还看到，中国或已走近一个转折点，即在她三十多年改革开放、经济迅速发展之后，突然强烈地感到了国际社会与自然界异己和挑战的一面，她不得不抖擞精神，最大限度凝聚自身意志和情感的力量来应对这些困难和挑战。同时，她也强烈地感觉到自身进一步改革的迫切需要，一个磨炼新的民族精神的时期或将就此来临。

没有这种新的精神，仅仅物质的成就会缺少持久的内部更新创造力和对外部的吸引力。但是，这种精神将是怎样一种精神？我们现在还只能说，它还有待于创造。它肯定会从自己最近三十年，以及此前一百年与数千年的文化传统和经验教训中吸取力量，也一定会从域外的文明和精神文化中吸取养料。而在磨炼精神方面，奥勒留的思想无疑是一个很好的借鉴。它有一种使我们的心灵沉静奋发的力量，能使我们的行为坚定有力，并深切地感到不仅中国人，整个人类都同属一个休戚相关的命运共同体。

现在的这本书是江苏人民出版社2008年版的《何怀宏品读〈沉思录〉》一书的修订增补版，书中的导读"一"改自拙译《沉思录》首版（中国社会科学出版社1989年版）的"译者前言"；"二"改自《何怀宏品读〈沉思录〉》一书的"导言"；"三"改自我为湖南人民出版社2010年版的《沉思录·道德箴言录》写的"合序"。

译后记

在最初写作这本书的过程中,因腰疾困扰,我常常只能卧床工作,张云飞同学在帮助我录入和整理文稿、文雅同学在帮助我搜集注释方面做了许多工作,谨此致谢。

最后我还要特别感谢"阿尔的太阳"等读者对《沉思录》译文提出的宝贵意见。

2014年春于北京褐石